Manuel du Maréchal ferrant

MANUEL

DU

MARÉCHAL FERRANT

BONNEFONT. — **Le Chèval, élevage et dressage**, 1907, 1 vol. in-18 de 500 pages, avec figures. Broché....... 5 fr.
Cartonné.. 6 fr.

CAGNY. — **Formulaire des Vétérinaires praticiens**, comprenant environ 1.500 formules et rédigé d'après les nouvelles méthodes thérapeutiques, par Paul CAGNY, membre de la Société centrale de médecine vétérinaire. 7e *édition*, 1909, 1 vol. in-18 (*format portefeuille*), de 316 pages, cartonné. 4 fr.

CAGNY (P.) et GOBERT (H.-J.). — **Dictionnaire vétérinaire**, par P. CAGNY, président de la Société centrale de Médecine vétérinaire de France, et H. J. GOBERT, vétérinaire militaire. 1902-1904, 2 vol. gr. in-8 de 1622 pages à 2 col. avec 1821 fig. et 8 pl. col.................................. 35 fr.

CAGNY et GOUIN. — **Hygiène et Maladies du Bétail**, par P. CAGNY et GOUIN, ingénieur agronome. 1909, 1 vol. in-18 de 500 pages avec 150 figures (*Encyclopédie agricole*). Broché. 5 fr.
Cartonné.. 6 fr.

FONTAN. — **L'Art de conserver la santé des Animaux dans les Campagnes**, par FONTAN, médecin-vétérinaire. Nouvelle médecine vétérinaire domestique à l'usage des agriculteurs, fermiers, éleveurs, propriétaires ruraux, etc., 1908, 1 vol. in-16 de 378 pages, avec 100 figures, cartonné. 4 fr.

GALLIER. — **Le Cheval anglo-normand**, par A. GALLIER, médecin vétérinaire, inspecteur sanitaire de la ville de Caen. 1900, 1 vol. in-16 de 374 pages, avec 28 figures, cartonné. 4 fr.

GOBERT (H.-J.). — **Le Cheval**, son organisation, son entretien, son utilisation, par H.-J. GOBERT, vétérinaire militaire. 1907, 1 vol. in-8 de 412 pages avec 80 figures......... 7 fr.

MONTANÉ. — **L'Extérieur du Cheval** et l'âge des principaux animaux domestiques par MONTANÉ, professeur à l'Ecole vétérinaire de Toulouse. 1903, 1 vol. in-18 de 528 pages, avec 260 fig., cart.................................. 6 fr.

MORISOT. — **Hygiène du Cheval de troupe et du Mulet**, à l'usage des officiers de cavalerie, des officiers d'artillerie et des officiers montés en général, suivi d'une étude sur les moyens de reconnaître la viande saine destinée à l'alimentation des troupes, par L. MORISOT, vétérinaire en 1er au 2e hussards. 1904, 1 vol. in-18 de 687 p., avec 189 fig., cartonné.................................. 7 fr. 50

SIGNOL, CAGNY et GOBERT. — **Aide-Mémoire du Vétérinaire.** Médecine, chirurgie, obstétrique, formules, police sanitaire et jurisprudence commerciale. 3e *Edition*, 1904, 1 vol. in-18 de 688 pages, avec 328 figures, cartonné....... 7 fr.

THARY. — **Maréchalerie**, par A. THARY, vétérinaire militaire, ancien répétiteur à l'Ecole d'Alfort. 1 vol. in-18 de 458 pages, avec 303 fig., cartonné.......................... 6 fr.

Poitiers. — Imp. Blais et Roy.

MANUEL

DU

MARÉCHAL FERRANT

COMMENT ON FORGE LE FER A CHEVAL

PAR

Paul DELPÉRIER

BRIGADIER MAITRE MARÉCHAL AU 19e ESCADRON DU TRAIN

Avec 5 planches et 54 Figures dans le texte

PARIS

LIBRAIRIE J.-B. BAILLIÈRE ET FILS

19, RUE HAUTEFEUILLE, 19

—

1909

PRÉFACE

Mon Cher Delpérier

Bon chien chasse de race, dit-on.

Portant un nom comme le vôtre, vous vous deviez à vous-même de maintenir dans tout son éclat la juste notoriété que votre père a su s'acquérir dans le monde vétérinaire et maréchal, par ses écrits et ses ouvrages aussi nombreux qu'originaux.

Vous n'avez pas failli à cette tâche. C'est pourquoi, vous aussi, vous vous êtes laissé aller à jeter sur le papier quelques données sur la confection du fer à cheval, sur les diverses opérations que comporte ce travail beaucoup plus délicat et complexe que ne semble le croire le « commun des mortels ».

Vous avez donc fait une besogne utile, en exposant et détaillant, dans quelques chapitres, les multiples manœuvres que nécessitent la fabrication d'un « lopin », son étirage et sa transformation, sous l'action exclusive du marteau, en cette véritable œuvre d'art que l'on appelle un fer à cheval.

Votre tâche était difficile, sous des apparences de simplicité.

Quoique Boileau ait dit :

> Ce que l'on conçoit bien s'énonce clairement
> Et les mots pour le dire arrivent aisément,

il n'en est pas moins vrai qu'expliquer méthodiquement, sobrement, en un style coulant, ce que tout maréchal fait tous les jours, mais ce qu'il serait souvent fort en peine de décrire nettement, n'était pas chose des plus aisées et à la portée de tout le monde.

Sûr de vous, et fort de vos connaissances théoriques et pratiques, vous avez hardiment abordé l'obstacle et vous l'avez franchi très brillamment.

C'est ce que j'ai eu plaisir à constater à la lecture de votre ouvrage très utile, quoique modestement présenté.

Vos camarades professionnels vous sauront donc certainement gré d'avoir résumé, pour eux, dans les quelques pages de votre livre — que tous voudront lire et avoir entre les mains — des principes techniques que les « anciens » possèdent évidemment, mais qu'ils ne sauraient peut-être pas exprimer convenablement et que les « nouveaux » ont bien besoin d'apprendre, pour appliquer à la pratique de leur métier ce que votre « théorie » leur inculquera.

Le fruit de vos veilles servira donc avantageusement, j'en suis convaincu, à l'instruction de ceux de vos confrères qui, en raison de l'extension, sans cesse grandissante, du *machinisme*, ne sont, au début de leur carrière, ainsi que vous le donnez à entendre, que des poseurs de fers, au lieu d'être de vrais maréchaux, c'est-à-dire de bons forgerons. Il contribuera ainsi largement au maintien du bon renom de la Maréchalerie Française : c'est ce que je souhaite de tout cœur.

A. PEILLON

AVANT-PROPOS

Nombreux sont les auteurs qui ont décrit la manière d'appliquer, sous les pieds sains ou défectueux des chevaux, des fers de toutes sortes ; celle de parer ces pieds et de se servir des instruments de ferrure.

Tous ceux qui ont écrit sur la matière ont consigné dans leurs ouvrages la façon dont le maréchal doit procéder pour forger un fer à cheval.

Tous ont fait connaître la technique de cet art difficile, c'est-à-dire sa partie matérielle proprement dite.

Néanmoins, comme il faut frapper fort et longtemps sur un clou pour l'enfoncer, j'ai pensé, de mon côté, que, dans la faible limite de mes moyens, je pouvais aussi m'appesantir sur un sujet qui demande à être ressassé pour être bien connu et bien compris. C'est pourquoi j'ai entrepris, quoique peut-être tardivement, la publication d'un manuel dans lequel l'ouvrier trouvera, décrite et détaillée, la manière dont il devra s'y prendre pour confectionner un fer.

Ce modeste précis, présenté, en effet, au public à une époque où la mécanique, se substituant de plus en plus au travail manuel, livre aux professionnels, des fers tout forgés, ajustés et prêts à être posés, paraît, tout d'abord, ne plus avoir sa raison d'être.

Mais que l'on veuille bien réfléchir qu'avec le service de deux ans le maréchal, n'ayant plus le temps matériel nécessaire pour s'initier, pendant son court passage sous les drapeaux, à la confection de ses fers, doit maintenant se borner à apprendre à attacher, sous les pieds des chevaux, les fers mécaniques, industriels, que les usines lui fournissent complètement achevés.

Que, d'autre part, on ne perde pas de vue que, déjà, dans de nombreuses localités, villes ou villages, le patron et ses aides ne forgent plus, depuis quelques années, leurs fers ordinaires.

Ces considérations, jointes à celles qui résultent fréquemment de la nécessité où se trouve le maréchal de faire de la ferrure rationnelle, raisonnée, de garnir certains pieds défectueux de fers spéciaux que la mécanique ne peut lui livrer, c'est-à-dire de fers pathologiques, démontrent suffisamment qu'avant de pouvoir forger ces fers plus ou moins difficultueux il ait appris à confectionner des fers ordinaires.

On comprend, dès lors, qu'un petit traité sur la matière n'est pas une superfluité, car

C'est en forgeant que l'on devient forgeron,

et ce proverbe dénote surabondamment l'importance de la pratique dans le métier de maréchal.

C'est pour toutes ces raisons que, me tenant strictement sur le terrain spécial que j'ai choisi, j'ai pensé que la présentation d'une œuvre concise sur la matière répondait à un besoin réel et arrivait à son heure.

Dans l'humble travail que je soumets à l'appréciation de mes collègues, j'ai donc essayé d'expliquer aussi brièvement et aussi clairement que possible la façon de forger un fer à cheval.

Puissent mes faibles efforts rendre ainsi quelques services aux futurs maréchaux, civils et militaires ! C'est le seul but que je cherche à atteindre en faisant paraître cet ouvrage dont l'utilité me semble s'imposer de plus en plus.

MANUEL

DU

MARÉCHAL FERRANT

PREMIÈRE PARTIE

CHAPITRE PREMIER

LES LOPINS

Principales sortes de lopins. — Du lopin simple, en fer neuf. — Cas où ses différentes variétés sont utilisées. — Du lopin bourru, en vieux fers. — Ses différentes parties. — Confection de la couverte, des quartiers, du lopin.

Principales sortes de lopins. — Le fer à cheval se forge, soit avec un morceau de fer neuf, soit avec plusieurs morceaux réunis de vieux fers.

Ces morceaux, dits « lopins », sont principalement de deux sortes :

Les premiers sont appelés lopins *simples* ou *soudés* ;

Les seconds sont désignés sous le nom de lopins *bourrus* ou *composés*.

Lopin simple. — Le lopin simple est un morceau de

fer coupé, à l'aide d'une tranche à froid (fig. 1), dans une barre de fer neuf dit « fer maréchal » ayant des dimensions en rapport avec celles du fer qu'il doit fournir.

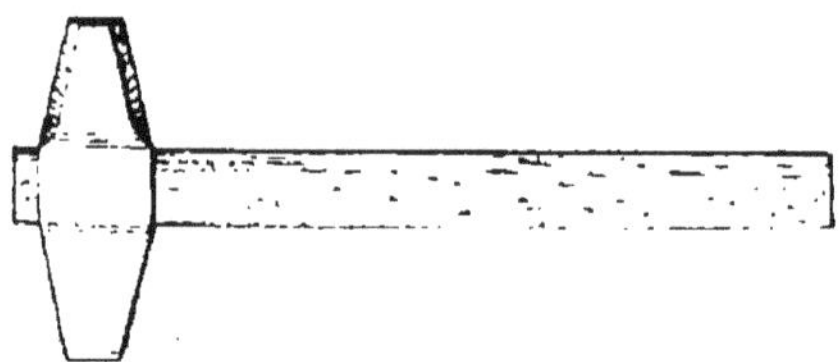

Fig. 1. — Tranche à froid.

Suivant sa forme et la matière avec laquelle il est confectionné, ce fer en barre est dénommé ainsi qu'il suit :

1° Fer en barre ordinaire.

Ce fer (fig. 2) est plus couvert qu'épais ; il sert à forger

Fig. 2. — Fer en barre ordinaire.

les fers de devant ainsi que ceux de derrière. Il se trouve dans le commerce avec des dimensions très variées.

2° Fer aciéré.

Le fer est généralement employé pour les fers de derrière et pour les chevaux de gros trait qui usent beaucoup.

3° Acier mi-dur.

L'acier mi-dur entre, pour une large part, dans la confection des fers mécaniques.

4° Fer rainé.

Le fer rainé (fig. 3) dit « fer anglais », est surtout utilisé pour les ferrures légères, destinées ou chevaux de luxe

Fig. 3. — Fer rainé.

ou de course. Ces ferrures sont connues sous le nom de ferrure anglaise.

5° Lopin à barre.

Le lopin à bosse (fig. 4) consiste en un morceau de fer coupé de longueur, portant, à sa partie médiane, un sur-

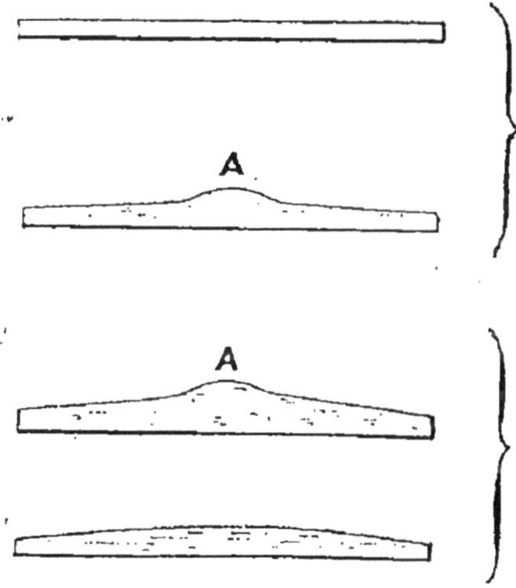

Fig. 4. — Lopin à barre.

croît de métal appelé bossette ou masselotte (fig. 4 A) servant à donner au fer, lorsqu'il est contourné sur lui-même suffisamment de force en pince pour permettre l'étirage du pinçon, sans entamer la couverture.

De nombreux modèles de fers, en fer, en acier, en fonte, en aluminium, plus ou moins rainés, dentelés ou crénelés, ont été inventés jusqu'à ce jour, dans le but d'éviter les glissades sur le pavé des villes.

Les essais qui en ont été faits n'ayant pas donné de résultats satisfaisants, ces fers ont été, pour ainsi dire, tous abandonnés.

Lopin bourru. — Le lopin bourru est un lopin confectionné avec de vieux fers, appelés « déferres ».

Deux déferres sont ordinairement nécessaires pour cette confection : l'une, relativement bonne, qui est destinée à servir d'enveloppe ou de *couverte*, l'autre, plus usée, qui est, presque toujours, coupée en deux moitiés égales, appelées *quartiers*, utilisées comme remplissage où renforçage.

Confection de la couverte. — Pour confectionner la couverte d'un lopin bourru, il faut opérer de la façon suivante :

Prendre une bonne déferre, c'est-à-dire une déferre pas trop usée, et en rabattre, à chaud, le pinçon sur sa face supérieure.

La replier ensuite sur elle-même en mettant cette face en dehors, c'est-à-dire les contreperçures apparentes, extérieures, car, pliée du côté opposé, les étampures laisseraient des traces trop visibles sur le fer forgé (fig. 5).

Pour replier une déferre, il faut la disposer de manière qu'elle prenne un point d'appui, d'une part, par une de ses mamelles, sur le ciseau de l'enclume (fig. 6) et, d'autre part, par l'autre mamelle, sur l'enclume elle-même.

La maintenir dans cette position, avec les tenailles, par celle des deux éponges qui correspond à la mamelle portant sur le ciseau. Puis, par deux ou trois coups donnés à faux sur la face inférieure et au milieu de la pince, avec l'angle du marteau, commencer à la cintrer.

Achever ensuite ce courbement sur la table de l'en-

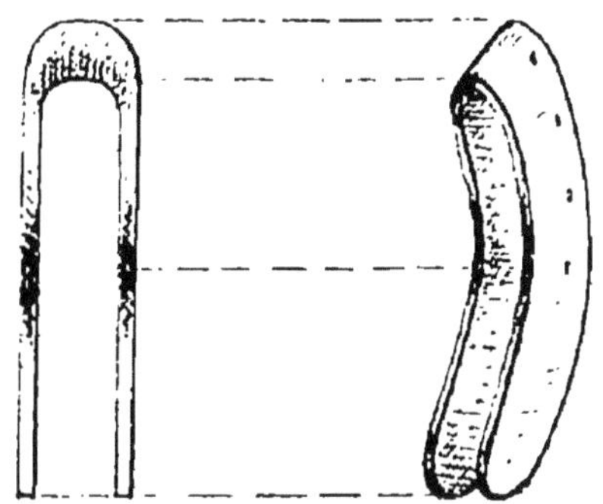

Fig. 5. — Couverte.

Fig. 6. — Ciseau d'enclume.

clume en frappant sur les branches de la déferre pour les rapprocher parallèlement l'une de l'autre.

Avoir toutefois la précaution de laisser entre elles un espace suffisant pour le logement ultérieur, dans cet intervalle, d'un ou de plusieurs quartiers (fig. 7), suivant l'épaisseur que l'on veut donner au lopin. Mettre enfin les éponges à la même hauteur et bien à plat.

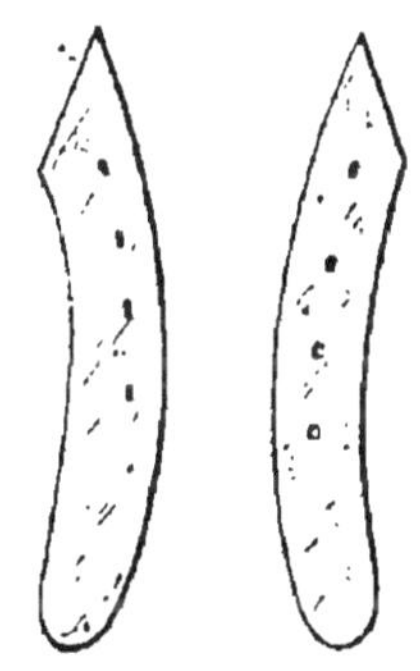

Fig. 7. — Quartiers.

Confection des quartiers. — Utiliser, à cet effet, soit une déferre usée, soit deux morceaux de déferre.

a) Si la déferre que l'on emploie est usée régulièrement sur toute sa face inférieure, c'est-à-dire si elle a une épaisseur égale sur tout son pourtour, il suffit alors de la replier à chaud et complètement sur elle-même, les contreperçures en dehors, après en avoir, au préalable, rabattu le pinçon sur sa face supérieure.

Lorsque les branches sont en contact, saisir le quartier ainsi fait, par l'éponge avec les tenailles justes (fig. 8) et, par quelques coups de marteau, le redresser en le mettant sur champ sur la bigorne de l'enclume.

Fig. 8. — Tenailles justes.

Changer ensuite les tenailles de position ; saisir le quartier en pince et mettre les éponges à la même hauteur, en redressant légèrement les branches.

Terminer enfin cette préparation, en lui donnant à plat une dernière battue, pour le planer régulièrement et le mettre d'aplomb.

b) Si la déferre est trop usée sur une de ses parties, soit en pince, soit en éponges, la couper alors en deux moitiés égales, au moyen du ciseau d'enclume, à la même hauteur du pinçon.

Confection du lopin bourru. — Lorsque la couverte est achevée, on place, dans l'intervalle de ses branches

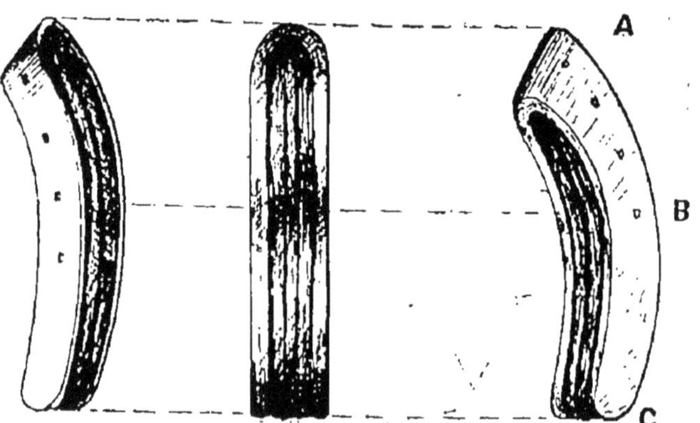

Fig. 9.— Lopin bourru.— A. Pince.— B. Branche.— C. Eponge.

les quartiers antérieurement préparés, en les choisissant

de telle sorte qu'ils ne soient ni trop longs, ni trop courts et que leur forme, leur couverture et leur épaisseur soient bien en rapport avec l'enveloppe.

Mis alors tête-bêche dans celle-ci, ils donnent de la régularité au lopin, lorsqu'il est terminé et resserré, et celui-ci présente, dans toutes ses régions, une égale épaisseur, c'est-à-dire en pince, comme en branche et en éponge (fig. 9).

Avec des tenailles de forme spéciale, « goulues » (fig. 10), saisir le lopin par l'éponge ; le frapper de quelques coups de marteau, sur le plat, de façon à maintenir solidement les quartiers dans leur enveloppe et redresser légèrement la pince en mettant les mamelles à la même hauteur.

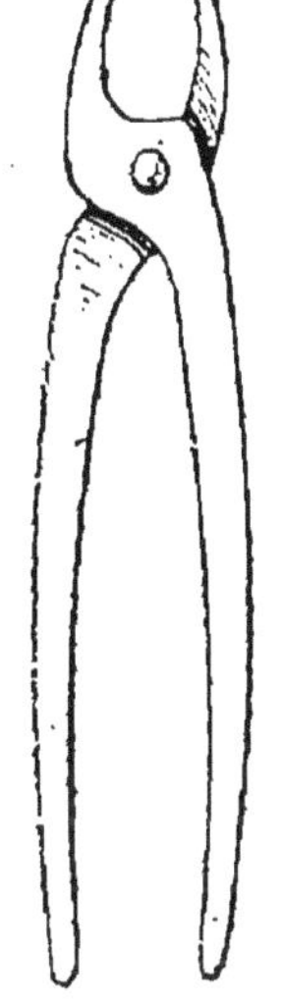

Fig. 10. — Tenaillesgoulues.

Changer ensuite la position des tenailles, tenir le lopin par la pince et, au moyen de nouvelles et fortes battues resserrer encore les branches de la couverte ; les rapprocher le plus possible, pour que les quartiers soient bien fixés entre elles et ne sortent pas de leur gaîne pendant les diverses manipulations du pesage, du chauffage, etc.

Cette opération doit être faite assez vivement, pendant que la couverte est rouge. Autrement, lorsque l'enveloppe est refroidie, elle ne peut plus épouser convenablement les inégalités des faces des quartiers et le lopin, peu solide, devient alors « branlant ».

DEUXIÈME PARTIE

CHAPITRE PREMIER

POSITION ET MOUVEMENTS DU FORGEUR

Considérations générales sur le maniement des tenailles et des marteaux. — Action de la main droite, de la main gauche. — Position du forgeur au pied de l'enclume. — Rythmes de ses mouvements.

Après l'exposé des détails préliminaires précédents, il me faut aborder maintenant l'action de forger.

Cependant, il importe encore, avant d'entrer dans le vif de mon sujet, c'est-à-dire de décrire la manière dont le maréchal doit s'y prendre pour confectionner un fer, de donner quelques indications sommaires sur le maniement des tenailles et des marteaux et sur la position que doivent tenir, au pied de l'enclume, les deux ouvriers qui, par leur collaboration, concourent à la confection de ce fer, le forgeur et le frappeur.

Le forgeur, placé face à son enclume, et vers son milieu (Pl. I), doit apporter beaucoup d'aisance et de souplesse dans ses mouvements pour qu'ils soient bien rythmés. Il doit donner tous ses coups de marteau à propos, avec mesure et justesse, pour s'épargner la peine de revenir plusieurs fois sur un même point, à l'effet de corriger les défauts, les irrégularités d'un martelage effectué de travers.

Il met les talons sur la même ligne, à une légère distance l'un de l'autre et il incline le haut du corps en avant en évitant de se balancer, sans toutefois garder trop de raideur dans son attitude.

Action de la main droite.

La main droite, qui manie le marteau, doit l'étreindre vigoureusement, tout en laissant beaucoup de souplesse au poignet et à l'avant-bras.

C'est que la force du coup donné est bien plus en rapport avec la vitesse et l'énergie avec lesquelles le marteau tombe sur l'enclume qu'avec la hauteur à laquelle il a été porté.

Action de la main gauche.

Ce serait une erreur de croire que la main gauche ne joue qu'un rôle secondaire dans l'action de forger. Tout au contraire, la mission qui lui incombe, dans cette opération, est très importante, puisqu'elle doit présenter sur l'enclume, le lopin, par ses différentes parties (Pl. II), de telle manière qu'il reçoive d'aplomb, avec promptitude et précision, les coups qui le martèlent dans l'action de forger, de contreforger, de bigorner et d'étamper.

Ces coups doivent toujours porter sur un point déter-

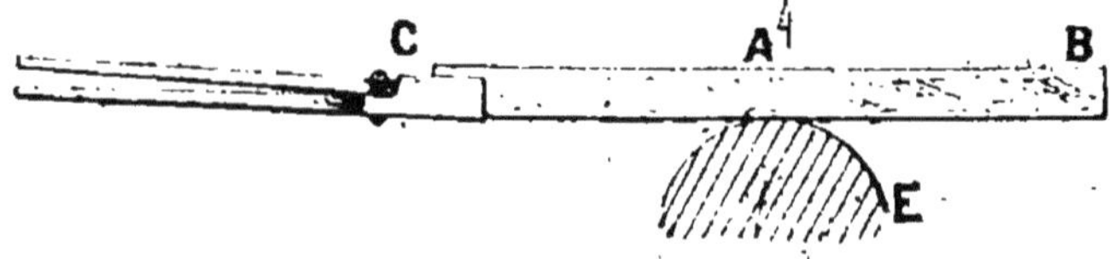

Fig. 11. — Lopin placé pour être martelé en A.

miné de l'enclume, sur la partie du lopin correspondant à la partie la plus saillante de la bigorne.

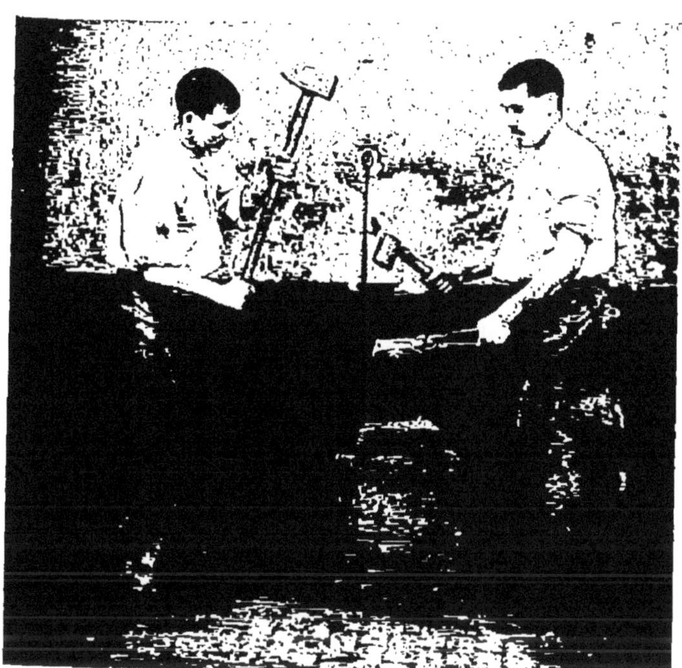

Pl. I. — Position et mouvements du forgeur et du frappeur.

Pl. II. — Action de la main gauche.

Si donc le forgeur veut faire marteler son lopin en A ou

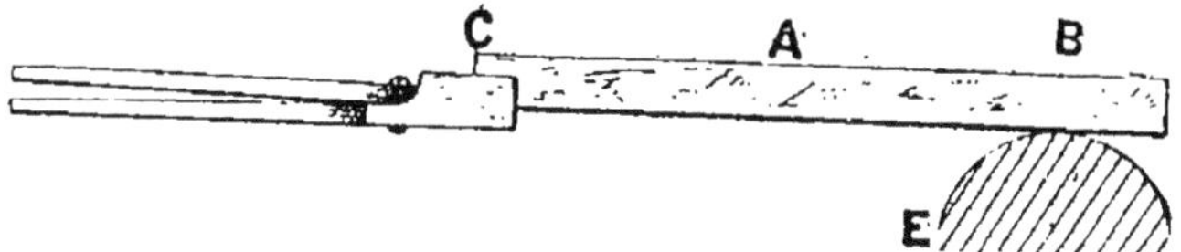

Fig. 12. — Lopin placé pour être martelé en B.

en B (fig. 11 et 12), c'est la main gauche qui doit amener l'un ou l'autre de ces points au centre E de la bigorne, le frappeur ne visant que la partie du fer qui porte.

On voit donc, par là, que le rôle de la main gauche est loin d'être insignifiant.

CHAPITRE II

POSITION ET MOUVEMENTS DU FRAPPEUR

Quoiqu'il n'ait, en somme, que des fonctions relativement secondaires à remplir, le frappeur à devant a cependant besoin de posséder quelques notions sur la façon dont il doit donner ses coups de marteau, pour aider utilement le forgeur dans sa tâche difficile et pénible et sur la manière de se servir de son instrument pour s'occasionner le moins de fatigue possible dans son maniement.

Comme le forgeur, il est obligé de faire une grande dépense de force et de frapper néanmoins avec souplesse et précision (Pl. III).

A la manière dont le lopin lui est présenté, il doit juger, du premier coup d'œil, si ses coups doivent être donnés doucement ou avec vigueur, pour allonger le fer ou pour le planer.

Il doit toujours faire face au lopin et placer les pieds sur une même ligne parallèle à l'enclume, en les écartant suffisamment l'un de l'autre, pour augmenter sa base de sustentation (Pl. I).

Penchant légèrement le corps en avant, il tient son marteau des deux mains : l'une placée à 30 ou 40 centimètres de la masse métallique ; l'autre à l'extrémité du manche.

Dans cette position, il peut élever son outil avec le concours des deux bras et des reins et lui faire décrire un ovale allongé et légèrement incliné d'avant en arrière.

Les coups doivent être donnés plus ou moins précipi-

Pl. III. — Frappeur, vu de face.

2.

tamment, suivant que le lopin à étirer est plus ou moins gros.

S'il est petit, leur rythme doit être accéléré; si, au contraire, il est gros, ce rythme doit être lent, les coups devant être plus forts et le marteau ayant, pour arriver à ce résultat à parcourir un long trajet.

Pour le forgeur ou le frappeur, les battues seront données à une moyenne de 90 à 110 coups par minute pour les petits fers; et 70 à 80 coups pour les grands.

TROISIÈME PARTIE

CHAPITRE PREMIER
CHOIX DES LOPINS

Du forgeage des fers, de leur appariement, du choix des lopins.

Le fer à cheval se forge en deux chaudes : l'une, pour la confection de la première branche, qui est la branche externe ; la seconde, pour celle de la branche interne et pour la terminaison du fer.

Le forgeur fabrique généralement seul le fer à devant en lopin neuf, ce n'est que pour l'étampage de la deuxième branche, qu'il a recours à l'aide du frappeur.

Il est obligé, au contraire, lorsqu'il s'agit de la confection d'un fer avec un lopin bourru, de se faire aider par ce dernier, dès le début du forgeage.

En principe, pour qu'ils soient bien appareillés, les fers se font d'habitude deux par deux ; le gauche et le droit de devant, le gauche et le droit de derrière.

Les lopins, qu'ils soient simples ou bourrus, sont donc choisis par paires, de mêmes dimensions chaque, afin que les fers qui en dériveront soient exactement semblables et présentent le même poids et la même conformation générale ; ceux de droite comme ceux de gauche.

Il va de soi que le poids des lopins doit être rigoureusement en rapport avec la grandeur et la force des fers qu'ils doivent fournir ; en tenant compte, toutefois, que ces lopins, passant plusieurs fois au feu, subissent de ce fait, surtout ceux en vieux fer, un déchet d'un dixième.

Si le maréchal veut forger une paire de fers antérieurs dégagés, il choisit, au préalable, deux lopins dégagés, c'est-à-dire étroits, faciles à chauffer un peu en arrière, et exigeant moins de peine pour leur allongement.

Il prend, au contraire, des lopins plus forts, si les fers doivent être plus ou moins couverts.

CHAPITRE II

LE FORGEAGE

Dispositions préliminaires au forgeage. — Préparation des instruments nécessaires au travail de confection du fer. — Préparation du foyer par le chauffeur.

I. — *Préparation des instruments*

Avant de commencer le travail de la forge proprement dit, avec des lopins simples ou bourrus, le premier soin du forgeur doit être de disposer autour de lui, pour les avoir à sa portée, les instruments qui lui sont nécessaires pour l'exécution de son ouvrage. Ces instruments sont les suivants :

1° **Les tenailles goulues.** — Ce sont des tenailles dont les mâchoires restent encore séparées l'une de l'autre, quand les branches sont rapprochées. Elles servent à saisir les lopins bourrus pour les porter sur l'enclume et à les tenir pour forger la première branche des fers (fig. 10).

2° **Les tenailles justes.** — Dites encore fermées, dont les bouts des mors se touchent, en même temps que les extrémités des branches. Ces tenailles servent à tenir la première branche du fer, pour forger la deuxième (fig. 8).

3° **L'étampe** (fig. 13). — Celle-ci doit, autant que possible, être fraîchement réparée, car, se détériorant assez vite, elle fait des étampures défectueuses, dès qu'elle est émoussée.

Il est un moyen simple et pratique de réparer la pointe de l'étampe abîmée.

Pour cela, la confection d'une matrice est nécessaire.

Cette opération consiste tout simplement à percer une

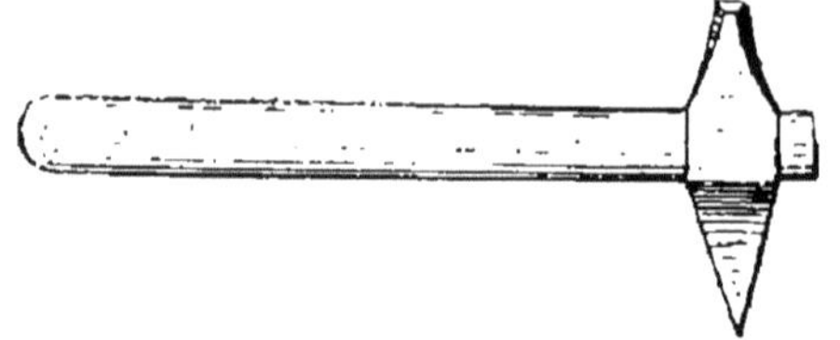

Fig. 13. — Étampe.

étampure, du modèle désiré, dans un morceau d'acier, dont les dimensions (couverture et épaisseur) se rapprocheront de celles d'un gros fer (fig. 14).

Cette étampure sera débouchée, et ensuite la matrice légèrement trempée.

L'étampe à réparer est chauffée par la pointe, qui sera

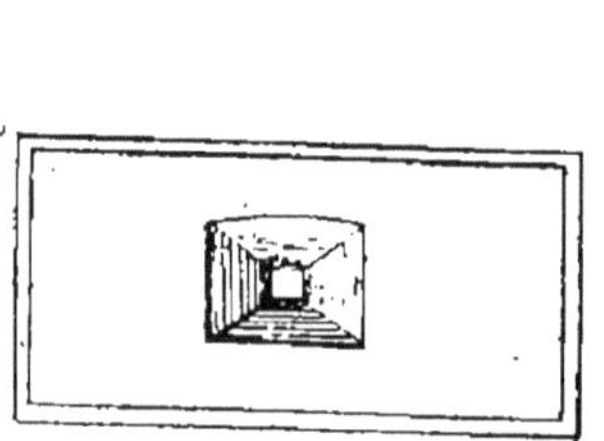

Fig. 14. — Matrice.

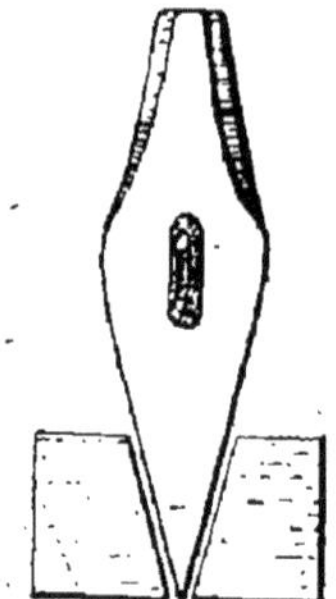

Fig. 15. — Calibre (coupe).

reforgée en quelques coups de marteau, puis chassée dans la matrice afin de lui faire épouser exactement ses parois, qui lui donneront le calibre désiré (fig. 15).

Une petite chaude pour la tremper, et l'étampe est réparée.

C'est là une simplification du système Blique, qui a pour objet la confection des étampures à l'aide d'une matrice et de poinçon calibreur.

4° **Un ferretier** (fig. 16). — Ni trop lourd, ni trop léger : d'un poids approprié à la grosseur du lopin, car il serait pénible au forgeur, de manier un gros ferretier pour confectionner un petit fer.

Dans ce cas, en effet, les battues doivent être d'autant

Fig. 16. — Ferretier.

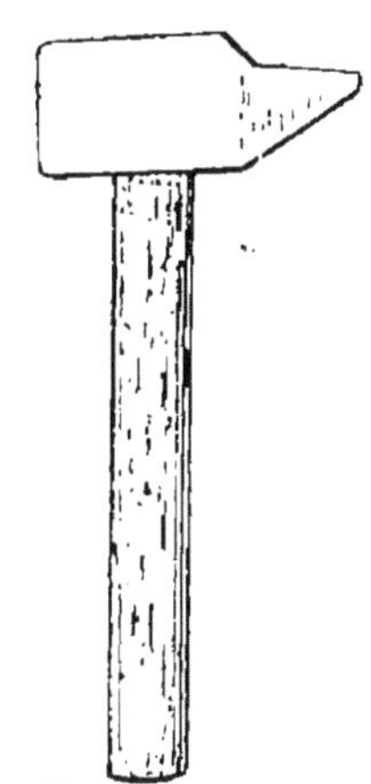

Fig. 17. — Marteau à main.

plus légères et précipitées que le lopin est plus petit : légères, pour que le fer ne se coupe pas en deux sous l'action d'un coup trop violent ; précipitées, parce qu'étant petit, le lopin perd vite sa chaleur. En principe, le ferretier, dont la bouche est bombée, ne doit servir qu'à l'allongement des lopins.

5° **Le marteau à main** (fig. 17). — Il présente une bouche plate qui sert à planer ainsi qu'à étamper les fers. Le maréchal des logis maréchal Monchablon, du 2e régiment de Cuirassiers, a préconisé un marteau qu'il semble utile de faire connaître, car il remplace avantageusement :

1° le ferretier pour allonger les lopins ;

2° le marteau à main pour bigorner, étamper, et planer les fers ;

3° l'ajustoir, ou mailloche anglaise, pour lever les pinçons et donner l'ajusture, soit anglaise, soit française.

Cet instrument, que l'on pourrait appeler « ferretier

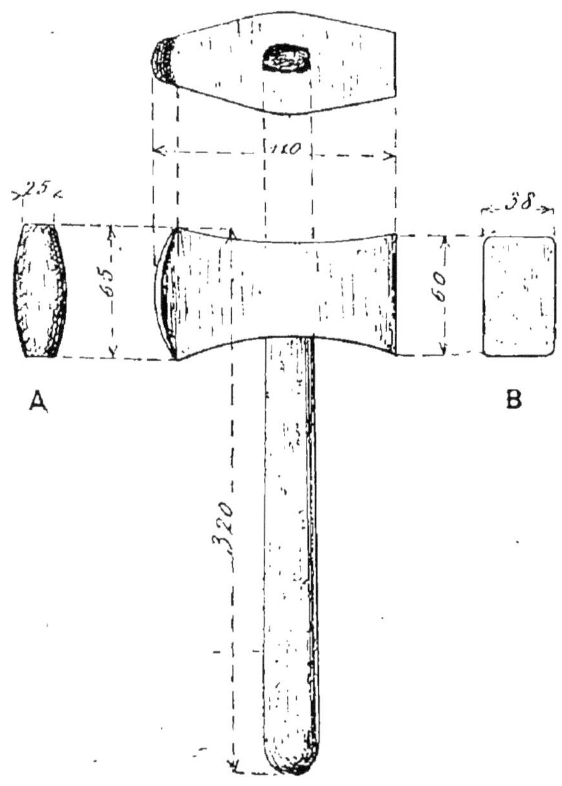

Fig. 1. — Ferretier (bibouche).

bibouche », présente en effet deux bouches (fig. 18) ; l'une, de forme ovalaire, semblable à celle du ferretier ordinaire (A), quoique légèrement plus bombée, au moyen de laquelle on donne l'ajusture, ou allonge le lopin pendant la confection du fer, ou lève les pinçons ; l'autre, rectangulaire et plate (B), comme celle du marteau à main et servant à planer, bigorner et étamper pendant l'action de forger en même temps qu'à ajuster les fers.

Le forgeur peut, suivant les besoins, se servir de l'une ou de l'autre face, sans interrompre son travail, ce qui lui fait gagner du temps ; n'étant plus obligé de changer d'instrument pendant les différentes opérations du forgeage, du planage, de l'étampage, du bigornage et du débouchage de son fer.

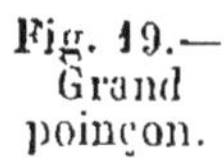

Fig. 19. — Grand poinçon.

6° **Un grand poinçon** (fig. 19). — Il sert à déboucher les étampures. Comme celle de l'étampe, la pointe de cet outil doit toujours être correcte, parce que le débouchage des étampures joue un rôle très important dans le brochage des clous qu'il rend facile s'il est bien fait et dans la solidité du fer, qu'il augmente, s'il est effectué dans les mêmes conditions.

II. — *Préparation du foyer par le chauffeur.*

Pendant que le forgeur prend ainsi toutes ses dispositions et s'apprête à travailler, le chauffeur, de son côté prépare son feu pour le chauffage des lopins. Il s'assure au moyen soit de son *tisonnier pointu* (fig. 20), soit du *tisonnier à crochet* (fig. 21), soit de la *pelle* du foyer (fig. 22), qu'il ne reste pas dans le fond de ce foyer du mâchefer qui viendrait se coller sur les parois du lopin au moment de sa fusion.

Puis il saisit le lopin choisi (avec de longues et fortes

tenailles, dites lopinières (fig. 23), indifféremment par l'une ou l'autre de ses extrémités s'il est en fer neuf, par la pince, s'il est en vieux fer, et le plonge dans le foyer

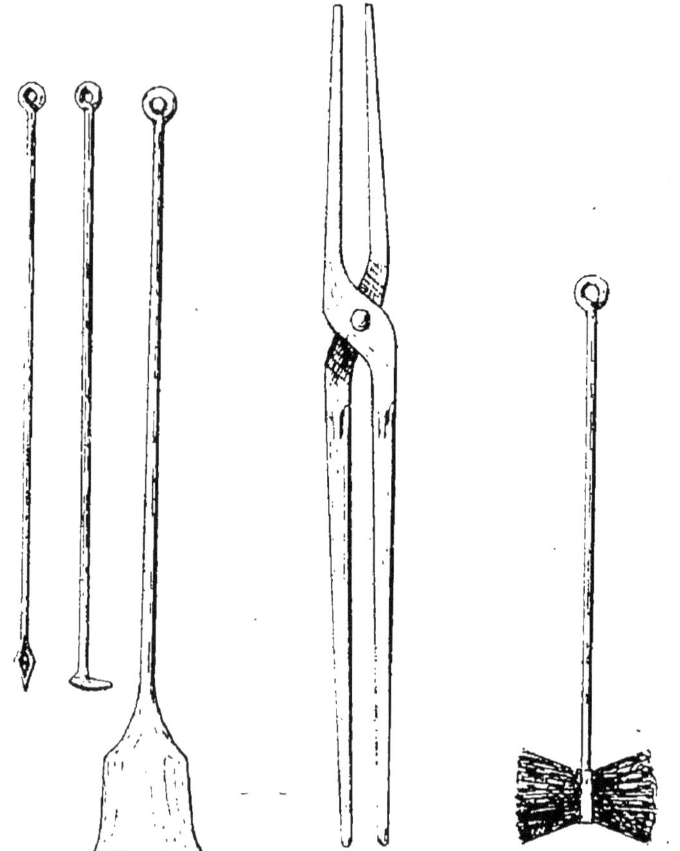

Fig. 20, 21, 22. — Tisonnier pointu. — Tisonnier à crochet. — Pelle.

Fig. 23. — Lopinières,

Fig. 24. — Ecouvillon.

par le bout non entenaillé, qui est alors l'éponge, pour le lopin bourru.

Cela fait, il monte son feu en forme de voûte, de façon

à pouvoir surveiller la chauffe par la petite ouverture ménagée, par les lopinières, à leur entrée dans l'espèce de four constitué par le charbon.

Pour conserver cette voûte, il lui suffit de l'arroser à l'aide d'un instrument dit *écouvette* ou *écouvillon* (fig. 24). Par des pressions douces et assez fréquentes exercées avec cet objet, trempé au préalable dans l'eau de l'auge de la forge, il consolide sa voûte et resserre le charbon qui forme ainsi une croûte assez consistante.

Celle-ci a non seulement pour but de réduire à son minimum la sphère d'action du feu autour du lopin, c'est-à-dire de concentrer, dans le plus petit espace possible, le maximum de calorique, tout en épargnant la combustion du charbon, mais encore de protéger, contre l'ardent rayonnement du foyer, la figure du chauffeur.

S'il s'agit de chauffer des lopins simples, ceux-ci, coupés à l'avance et d'une longueur déterminée appropriée à la grandeur des fers à confectionner, ne demandent pas à être ressués (1), c'est-à-dire portés à une température aussi élevée que les lopins bourrus, puisqu'ils sont déjà corroyés. Ils peuvent donc être chauffés plusieurs à la fois, ce qui permet de réaliser une économie de temps et de combustible

Les lopins en vieux fer, au contraire ne peuvent être mis dans le foyer qu'un par un. Le chauffeur veille alors à ce que celui qu'il tient au bout de ses lopinières chauffe également, et sans trop de rapidité, dans toute sa masse, afin que ses quartiers emprisonnés, enserrés dans la couverte, atteignent, à peu près en même temps qu'elle, le même degré de chaleur.

Il arrive à ce résultat en tournant et retournant avec soin et sans trop de lenteur le lopin dans le feu. Sans

(1) Faire ressuer du fer, c'est le chauffer jusqu'au moment où il commence à entrer en fusion. Poussé à une température plus élevée, il se désagrège dans le feu. Ce n'est que lorsque le fer ressue qu'il peut se souder et se corroyer convenablement.

cette précaution, la crasse du charbon venant adhérer à la surface de l'enveloppe, empêcherait de voir si la chauffe s'effectue d'une façon régulière et convenable, sur tous les points du bloc métallique.

Quand le lopin commence à ressuer, c'est-à-dire lorsque ses faces extérieures sont sur le point d'entrer en fusion, tandis que ses parties centrales n'ont pas encore atteint le même degré de température, le chauffeur ne doit pas le quitter des yeux, jusqu'au moment où il juge qu'il est temps de le sortir du feu.

C'est alors qu'il prévient le forgeur par l'appel habituel « Enlevez », pour que celui-ci se mette en mesure de procéder à la confection de son fer.

QUATRIÈME PARTIE

CHAPITRE PREMIER

CONFECTION DES FERS ANTÉRIEURS EN LOPINS NEUFS

Il a déjà été dit, dans les pages précédentes, que l'action de forger des fers était bien plus facile et moins pénible avec des lopins neufs qu'avec des lopins bourrus. Il en est de même pour les fers de derrière comparés à ceux de devant.

C'est pourquoi, procédant du simple au compliqué, je vais d'abord me borner à donner, dans les chapitres qui suivent, quelques indications sommaires pour le forgeage en lopins neufs des fers antérieurs et postérieurs, me réservant d'entrer dans les explications nécessaires, lors de la confection des mêmes fers avec de vieux lopins.

Averti par son chauffeur, que le lopin au feu est à point, c'est-à-dire porté à la température voulue pour pouvoir être bien travaillé, le forgeur entre en scène à son tour et commence le forgeage proprement dit.

A cet effet, il saisit sur le plat, avec les tenailles justes, le morceau de barre de fer chauffé au degré nécessaire, à quelques centimètres de l'extrémité qui était tenue par les lopinières (fig. 25). Il le porte sur l'enclume par l'autre extrémité et sur champ, puis, par quelques coups de marteau portés à faux, en A B C, il lui donne le cintre voulu pour constituer la tournure de la première branche du fer antérieur gauche.

Il rétrécit ensuite légèrement l'éponge et étampe sa branche dans des conditions qui seront ultérieurement

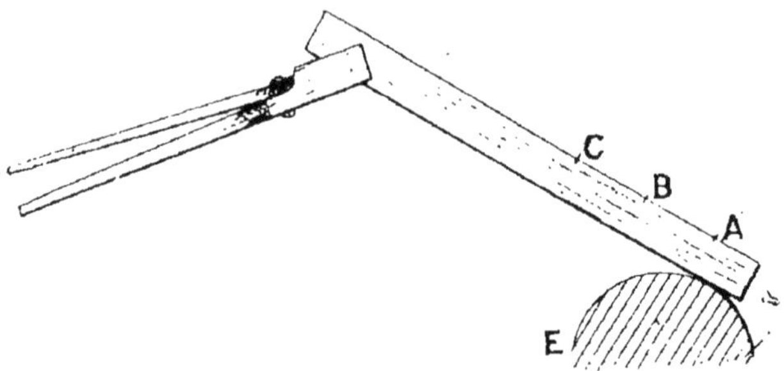

Fig. 25. — Forgeage de la 1re branche.

expliquées avec détail, lorsqu'il s'agira, de la même opération pour les lopins bourrus.

La deuxième branche, cintrée et façonnée comme la première (fig. 26), est étampée avec l'aide du frappeur.

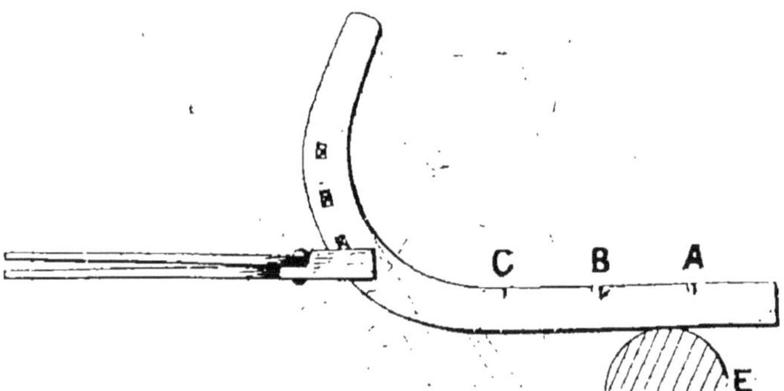

Fig. 26. — Forgeage de la 2e branche.

La manière d'exécuter le débouchage des étampures et le bigornage du fer sera traitée avec l'ampleur nécessaire lorsqu'il sera question des mêmes manœuvres après le forgeage des lopins bourrus.

CHAPITRE II

CONFECTION DES FERS POSTÉRIEURS EN LOPINS NEUFS

Pour les fers postérieurs, les branches devant être légèrement allongées, le forgeur a recours au frappeur.

Il étire modérément avec lui la première branche, jusqu'à l'éponge, en la contreforgeant, puis il la pare et la bigorne, comme il sera expliqué plus tard.

Il fait subir la même opération à la deuxième branche, en tenant compte, toutefois, que celle-ci est déjà allongée d'une façon très sensible, comparativement à celle d'un lopin en vieux fer.

Il est donc bien moins pénible, en définitive, de forger un fer en lopin simple qu'en lopin bourru. Mais comme le premier se chauffe plus rapidement que le second, le forgeur, dès qu'il a terminé la confection de chacune de ses branches ou de son fer, est obligé de recommencer, sans perdre de temps, la même série d'opérations pour l'autre branche ou avec un autre lopin.

De la sorte, le travail qu'il fournit devient très fatigant à la longue, puisqu'au lieu de forger 60 fers en moyenne, dans sa journée, en lopins bourrus, il en forge 120 en fer neuf, c'est-à-dire le double.

A Paris, où la main d'œuvre est très chère et où la ferrure bourgeoise se paie en majeure partie à la pièce, beaucoup d'ateliers emploient le fer forgé en barre.

Au contraire, pour les chevaux de gros trait, qui usent généralement beaucoup en pince, une économie bien entendue impose l'obligation de n'utiliser que des fers en lopins bourrus.

CHAPITRE III

CONFECTION DES FERS ANTÉRIEURS EN LOPINS BOURRUS

Confection des fers antérieurs en lopins bourrus : 1° fer antérieur gauche, 1re branche, étampage, débouchage et bigornage ; 2° fer antérieur droit, 1re branche ; 3° fer antérieur gauche, 2e branche ; 4° fer antérieur droit, 2e branche.

La confection d'un fer avec un lopin bourru est beaucoup plus complexe que la précédente ; aussi est-il nécessaire de la décrire avec des détails suffisants, dans les différentes manœuvres qu'elle comporte.

1° Confection de la première branche du fer antérieur gauche. — Lorsque le forgeur est avisé que le lopin est arrivé à la température voulue, il le saisit aussitôt avec des tenailles goulues, par la pince et sur le plat pour l'extraire du foyer.

Il le débarrasse, s'il y a lieu, du plus gros de la crasse dont il s'est plus ou moins couvert pendant la chauffe, en le frappant avec ménagement contre un des deux côtés du billot de l'enclume.

Il le pose ensuite d'aplomb et transversalement sur la partie la plus bombée de la bigorne (fig. 27 A), laquelle, par sa disposition spéciale, facilite notablement l'étirage du fer, et il l'allonge progressivement après l'avoir martelé légèrement et à plat pour que ses parois ne se désagrègent pas.

Pour cela, il exécute, sur ce lopin, avec l'aide de son frappeur, des battues précipitées et plus ou moins fortes, suivant l'intensité de sa chaude, à partir du tiers antérieur de sa longueur, jusqu'à l'extrémité de l'éponge, afin qu'il soit partout soudé et corroyé régulièrement.

Il recommence plusieurs fois cette opération en contreforgeant (1), c'est-à-dire en faisant porter ses coups de ferretier sur le contour interne du lopin, tandis que le frappeur fait tomber les siens sur la face qui lui est présentée.

Au fur et à mesure que la branche en préparation s'al-

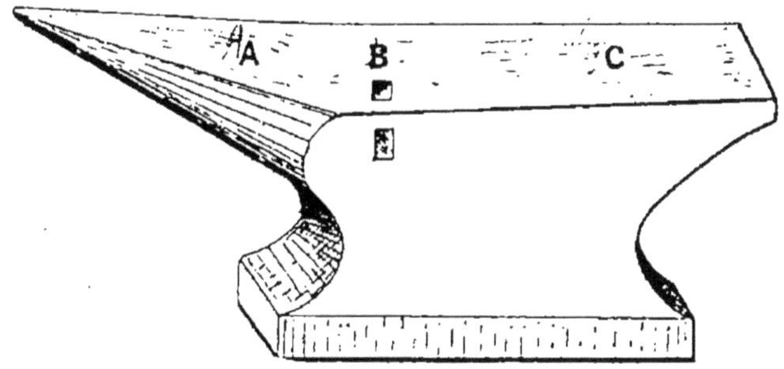

Fig. 27. — Enclume de maréchal ferrant.

longe, le forgeur la cintre peu à peu en levant légèrement la main gauche qui tient les tenailles, et en frappant sur le bord interne de cette branche, l'aide continuant à donner des battues sur son plat.

La courbure, accusée au centre du lopin (correspondant à la mamelle du dehors), doit diminuer progressivement en allant vers l'éponge.

L'épaisseur ainsi que la couverture sont ensuite rectifiées en présentant ces parties, soit sur champ, à ses propres coups en contreforgeant, soit sur plat, à ceux du frappeur.

Le forgeur arrive ainsi à amener sa branche au calibre

(1) Contreforger, c'est corroyer le fer, en le frappant alternativement sur deux faces non parallèles.

prescrit par le tableau des pointures du nouveau manuel de maréchalerie militaire (page 38) calibre dont les dimensions sont en rapport avec le périmètre du fer.

Il donne ensuite, avec le concours de son aide, des battues régulières et bien suivies sur la face supérieure de cette branche. Puis, parvenu à ce point de son travail, par un coup de marteau appliqué d'une certaine façon sur l'enclume et à contre-temps, il donne avis à son frappeur d'avoir à cesser : c'est ce qu'en terme du métier, on appelle « donner congé ».

Celui-ci retourne alors au foyer pour mettre au feu le deuxième lopin, et le forgeur termine seul la confection de la 1re branche.

Pour cela, il échange son ferretier contre un marteau à main, dont la bouche plate pare mieux le fer en le bigorneant, et qui est surtout plus commode pour l'étampage.

Il bigorne (1) d'abord sa branche pour faire disparaître les bosses produites sur son bord extérieur, en contre-forgeant, et pour en rectifier la couverture.

Il doit toujours commencer cette opération par la pince pour aller progressivement jusqu'au bout de l'éponge, en ayant soin de faire suivre ses coups de marteau donnés plus ou moins rigoureusement, selon qu'il a à diminuer plus ou moins la couverture de la branche.

L'éponge mise au calibre, il effectue une battue régulière sur la face supérieure, pour planer la face opposée, qui devra recevoir les étampures et, pour faciliter le placement précis et régulier de ces dernières.

Puis, abandonnant le fer ébauché sur la face de l'enclume (fig. 27 C) et quittant les tenailles, il prend l'étampe de la main gauche et se dispose à percer seul les étampures de la première branche de ce fer.

(1) Bigorner un fer, c'est le marteler sur son bord externe, son bord interne étant posé à cheval sur la bigorne de l'enclume.

Étampage. — Lorque le forgeur s'est rendu compte, par la longueur de la première branche, des dimensions qu'aura son fer, il ébauche sa première étampure A, en la perçant légèrement à gras et de telle façon qu'elle divise cette branche en deux parties égales, dans le sens de sa hauteur (fig. 28 A).

A cet effet, tenant l'étampe un peu inclinée de dehors

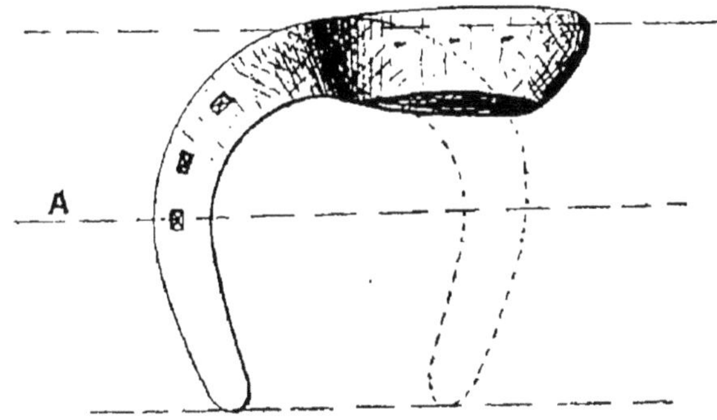

Fig. 28. — Étampage, 1re branche.

en dedans (selon la direction de la paroi) et parallèlement au bord externe de la branche, il la pousse à coups de marteau dans l'épaisseur du fer, jusqu'à deux ou trois millimètres de son fond.

Il perce ensuite une deuxième étampure comme la précédente ; à une distance déterminée, plus ou moins rapprochée d'elle, suivant la grandeur du fer, et au même point de la rive externe.

Pour les fers qui devront être munis de huit étampures, il en ébauche une troisième, placée à une distance égale de celle qui sépare les deux autres. Celle-là ne doit être qu'ébauchée, pour les deux raisons suivantes :

1° La première branche du fer n'étant pas encore au calibre désiré, cette troisième étampure, si elle était d'emblée percée à fond, se déformerait et s'agrandirait, en contreforgeant la deuxième branche. Il serait alors impossible de lui rendre sa forme normale; en outre, elle affaiblirait le fer à l'endroit qui a juste le plus besoin de résistance au moment du monter à cheval (1).

2° Si elle n'était pas seulement ébauchée, le métal, ayant perdu beaucoup de sa chaleur à son niveau, par suite du contact continuel des tenailles pendant le forgeage de la deuxième branche, risquerait de se casser par son percement d'emblée à fond.

Cette troisième étampure étant ainsi amorcée, le for-

Fig. 29. — Seau à eau pour refroidir.

geur repasse l'étampe dans les deux premières, pour achever leur percement, tout en les calibrant.

Lorsque celles-ci sont ainsi terminées, il refroidit dans le seau d'eau (fig. 29) placé à proximité de l'enclume, la pointe de l'étampe, pour qu'elle ne se détrempe pas.

Il lâche ensuite cet instrument pour se munir du grand poinçon d'acier, dont la pointe, de forme rectangulaire,

(1) Monter à cheval, c'est placer un fer de champ sur l'enclume et en rapprocher les deux branches l'une de l'autre, par des coups donnés sur l'externe.

doit être de mêmes dimensions que celles du collet du clou à ferrer.

Il débouche avec lui ces deux étampures, en ayant soin de le tenir exactement dans la même direction, dans le même sens qu'elles.

Débouchage. — Déboucher une étampure, c'est faire sauter la mince pellicule de fer qui reste dans son fond, pour faire le passage de la lame du clou, au moment du brochage.

Le débouchage doit être fait avec précaution, de manière à ne pas exagérer la grandeur de l'étampure, qui demande cependant à être suffisamment désobstruée. Un débouchage trop accentué en déformerait la base et nuirait à la solidité de la ferrure.

Lorsqu'il a fini de déboucher, le forgeur refroidit son poinçon et s'en débarrasse, pour ressaisir le lopin par la pince avec les tenailles. Il redresse alors la branche, tout en faisant disparaître, par des coups suivis sur sa face supérieure, les bavures que le débouchage a produites. Puis il retourne le lopin, en le faisant pivoter sur l'enclume, toujours sur son bord externe.

Il déborde (1) ensuite ses premières étampures, de façon qu'elles ne se déforment pas sous l'effet de la dernière opération, qui consiste dans le bigornage.

Bigornage. — Pour effectuer le bigornage, le forgeur place la branche de son fer, de champ et bien droit, sur la bigorne de l'enclume, son bord interne à cheval, en contact, par conséquent, avec elle.

Par de légers coups de marteau donnés d'aplomb sur son bord externe, et bien suivis de la pince à l'extrémité, il nivelle cette branche, tout en conservant ou en recti-

(1) Déborder un fer, c'est affaisser l'angle externe de sa face inférieure par de légères battues données sur cet angle.

fiant la tournure qu'elle devra avoir lorsque le fer sera terminé (fig. 30).

Après ces diverses manœuvres, il confie de nouveau

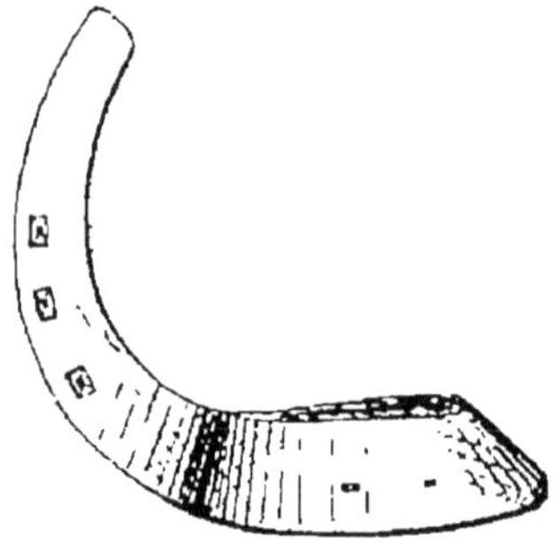

Fig. 30. — 1re branche fer gauche.

son fer, ainsi amorcé, au chauffeur, lequel, pendant que le forgeur achevait seul sa première branche, chauffait le deuxième lopin. Il n'y a ainsi, ni perte de temps, ni perte de combustible, et le feu conserve toute son activité et toute sa chaleur.

2° **Confection de la première branche du fer antérieur droit.** — Pour le deuxième lopin, destiné à devenir un fer antérieur droit, l'opération comporte, pour le forgeage de la première branche, la même série de manœuvres que précédemment.

Au moment où cette branche est sur le point d'être terminée, le forgeur, aidé de son frappeur, donne des coups plus ou moins forts sur sa face supérieure, suivant que l'épaisseur doit en être plus ou moins rectifiée.

De la sorte, il plane la face opposée, qu'il retourne ensuite pour y disposer les étampures (fig. 31). Lorsque la première branche des fers droit et gauche est achevée, le forgeur remplace ses tenailles justes (fig. 8) et le marteau à main par le ferretier (fig. 18), pour se préparer à confectionner la deuxième branche des mêmes fers.

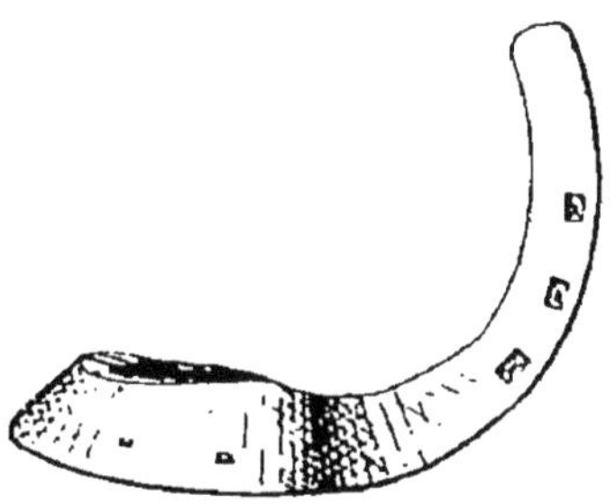

Fig. 31. — 1re branche fer droit.

3° **Confection de la deuxième branche du fer antérieur gauche.** — Lorsque le lopin est chauffé à point, jusqu'à la mamelle de la première branche, le forgeur la saisit avec des tenailles justes, à la hauteur de la deuxième étampure, et le débarrasse de sa crasse, s'il y a lieu, comme il l'a fait pour la première branche, par de légers coups donnés sur le billot.

Il s'assure, d'un rapide coup d'œil, si la chaude est bonne et régulière partout ; puis, il étire sa deuxième branche avec l'aide du frappeur contreforgeant et en commençant toujours à un point plus ou moins rapproché des tenailles, suivant que ce point est plus ou moins au calibre.

Il continue progressivement jusqu'à l'extrémité de cette branche, de façon qu'elle soit bien soudée, uniformément sur toute sa longueur ; et il recommence cette opération jusqu'au moment où il juge que la couverture et l'épaisseur ont atteint les dimensions nécessaires.

Il a soin, pendant cette manœuvre, de conserver à la pince une largeur et une force suffisantes pour faire la bossette qui servira plus tard à la confection du pinçon.

Cette bossette est préparée en donnant à resserrer (1) au frappeur, lequel la dessine grossièrement en deux

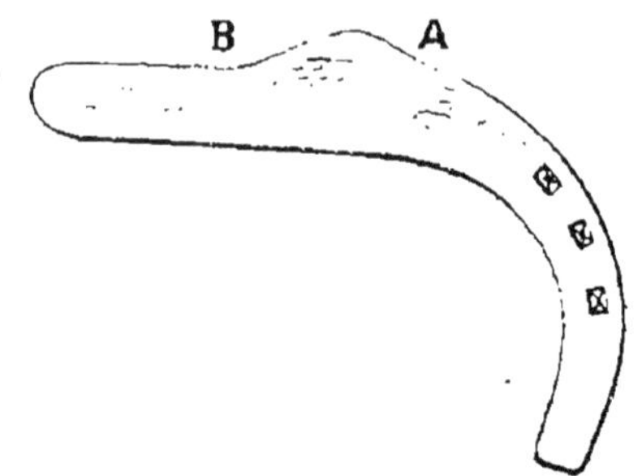

Fig. 32. — Préparation de la bossette.

coups appliqués : l'un en arrière de l'emplacement de la pince (fig. 32 A), l'autre en avant (fig. 32 B).

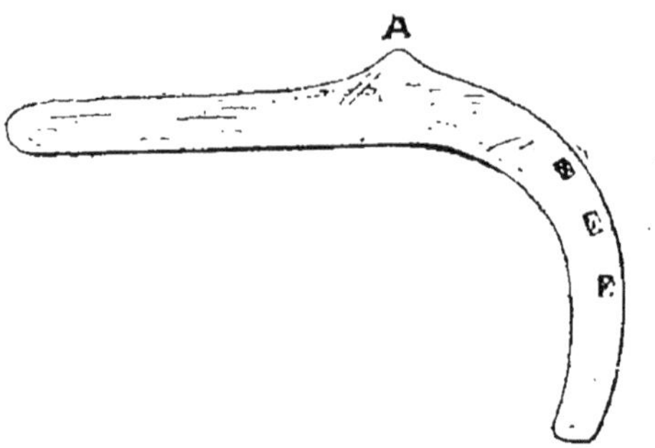

Fig. 33. — Bossette terminée.

Le mamelon étant ainsi suffisamment accusé et ressorti (fig. 33 A), le forgeur, en parant son fer, n'aura plus grande rectification à y apporter.

(1) Donner à resserrer, c'est présenter la branche du fer sur champ, au frappeur, pour que celui-ci aide à en diminuer la couverture.

Après avoir marqué le pinçon, l'aide continue à frapper en cadence sur le fer, mais très légèrement, dans le seul but d'en planer la face qui lui est présentée : l'inférieure ou la supérieure.

Dans le même temps, le forgeur donne de la tournure à sa branche, par des coups de ferretier portés à faux : le fer étant appuyé, d'une part, sur l'enclume, en E (fig. 34),

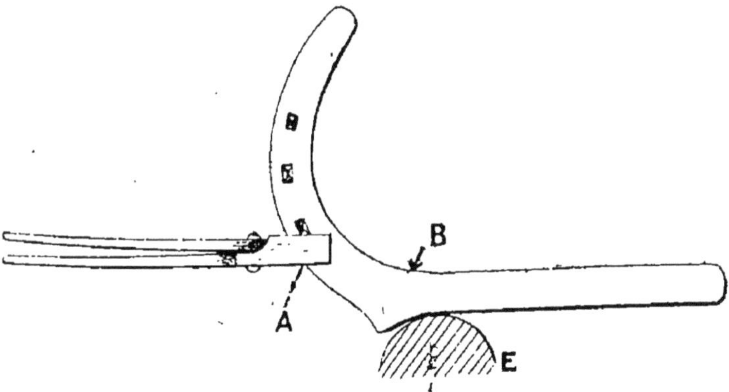

Fig. 34. — 2e branche avant d'être cintrée

et, d'autre part, sur les tenailles maintenues solidement en A. Il cintre ainsi suffisamment son fer pour pouvoir « monter à cheval » en le frappant en des points plus ou moins éloignés de la pince, suivant la tournure plus ou moins ronde qu'elle doit avoir.

Il le retourne ensuite sur l'enclume, en présentant au frappeur la face supérieure que celui-ci nivelle par des coups de marteau donnés avec plus ou moins de force, suivant que l'épaisseur à rectifier est plus ou moins grande.

Arrivé à l'extrémité de la branche, le frappeur « prend congé » et retourne à son feu, sur l'ordre du forgeur; ce dernier rectifie alors la forme de son fer, et se prépare à l'étamper seul, s'il est petit et ne doit porter que six étampures.

Dans le cas contraire, l'étampage de la deuxième branche se fait généralement à deux.

Dans ces conditions, le forgeur quitte tenailles et ferretier, pour prendre l'étampe et le marteau à main. Il repasse le premier instrument dans la troisième étampure de la première branche, laquelle n'était qu'ébauchée. Puis, avec le concours de son aide, il perce successivement, à égale distance les unes des autres et aussi à gras que les précédentes, les deux étampures de pince.

Quant aux trois dernières, il les perce bien d'aplomb près du bord externe du fer, et parallèlement à lui, c'est-à-dire maigre, pour les deux raisons suivantes :

1° Parce que le quartier interne du sabot étant plus droit que le quartier externe, les clous sont plus faciles à brocher de ce côté ;

2° Parce que le fer n'ayant pas de garniture en dedans,

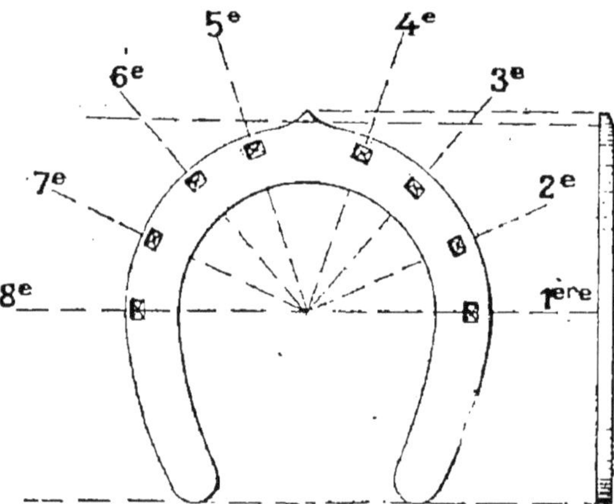

Fig. 35. — Fer antérieur gauche étampé.

il importe que les étampures de ce côté soient percées près du dehors, afin que les clous ne blessent ni ne gênent les parties vives du pied (fig. 35).

Lorsque le frappeur aide le forgeron dans l'étampage

Pl. IV. — Bigornage du fer.

du fer, il doit attendre que celui-ci ait donné un premier coup sur l'étampe pour bien assurer son emplacement et la direction à lui faire prendre avant qu'il n'intervienne, à son tour, avec son marteau.

Le fer étant étampé, le forgeur débouche les étampures avec le grand poinçon, comme il a été dit pour celles de la première branche.

Afin de conserver toute sa raideur à la pointe de ce poinçon, il doit avoir soin de ne pas le laisser séjourner dans l'étampure. Un seul coup de marteau doit suffire pour chaque débouchage ; un deuxième coup, plus léger, donné aussitôt après, sur le fer, soulevé, au préalable, de l'enclume et à proximité de l'étampure débouchée, rompt son adhérence avec le poinçon et le détache de celui-ci.

Lorsque toutes les étampures sont bien débouchées, le forgeur saisit le fer par l'éponge externe, avec les tenailles et il le redresse, par des coups suivis, donnés sur sa face supérieure, car il s'était plus ou moins gondolé, pendant l'étampage.

Il déborde ensuite les étampures et enfin il le bigorne (Pl. IV), tout en rectifiant la tournure qui s'est légèrement modifiée pendant le percement des étampures.

Lorsque toutes ces manœuvres ont été exécutées, le premier fer, c'est-à-dire l'antérieur gauche, est terminé.

4° Confection de la deuxième branche du fer antérieur droit. — La confection de la deuxième branche du fer antérieur droit comporte la même série d'opérations que celles qui viennent d'être décrites dans les pages précédentes. Il est inutile d'entrer, à ce sujet, dans de nouveaux détails qui ne seraient que des redites.

CHAPITRE IV

CONFECTION DES FERS POSTÉRIEURS EN LOPINS BOURRUS

Choix des lopins. — Calibre des branches. — Disposition des étampures. — Découpage de la deuxième branche.

La confection des fers postérieurs comprend, par rapport à celle des fers antérieurs, quelques modifications portant :

1° Sur le choix des lopins ;
2° Sur le calibre à donner aux branches ;
3° Sur la disposition des étampures ;
4° Sur la façon de découper la deuxième branche.

1° **Choix des lopins.** — Le fer de derrière étant plus couvert et plus épais en pince qu'en éponges, il est nécessaire d'employer pour le forger, un lopin ayant suffisamment de couverture.

2° **Calibre des branches.** — En préparant la deuxième branche de son fer, le forgeur doit conserver à la pince une largeur assez grande, pour diminuer celle-ci progressivement, en allant vers l'éponge.

Comme le fer de derrière doit avoir une forme ovale, correspondant à celle du pied, il est nécessaire que cette branche soit laissée plus droite que la même branche d'un fer antérieur.

3° **Disposition des étampures.** — Les étampures seront

plus descendues vers les éponges que celles des fers à de-

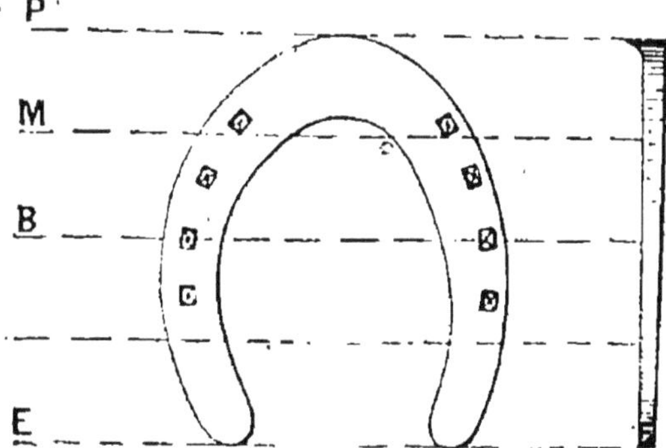

Fig. 36. — Fer droit de derrière.

vant ; de sorte qu'au lieu que ce soit la dernière de chaque branche qui divise celles-ci en deux parties égales, c'est l'avant-dernière qui occupe cet emplacement médiocre (fig. 36, B).

4° Façon de découper la deuxième branche. — La

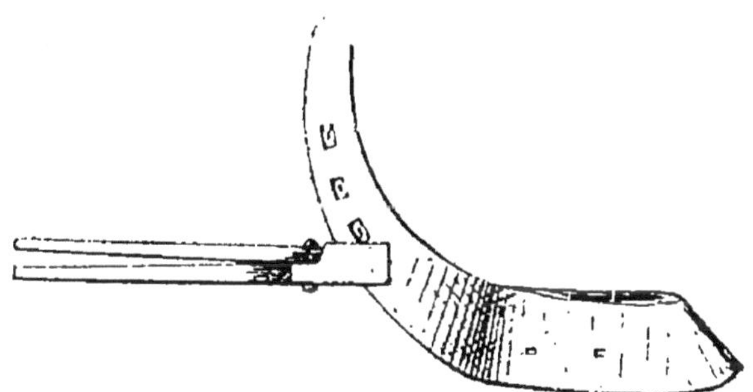

Fig. 37. — Manière de s'entenailler pour forger la 2e branche.

deuxième branche, qui doit être un peu moins couverte que la branche externe, est tenue plus droite. Il faut donc pour obtenir ce résultat, que le fer soit découpé (1) d'une façon toute spéciale.

(1) Découper un fer, c'est le couder suffisamment sur champ

L'opération se pratique ainsi qu'il suit :

Le lopin, sorti du feu, est aussitôt corroyé en le contreforgeant, ce qui l'allonge notablement (fig. 37); puis, le fer étant appuyé en E (fig. 38), d'une part sur l'enclume,

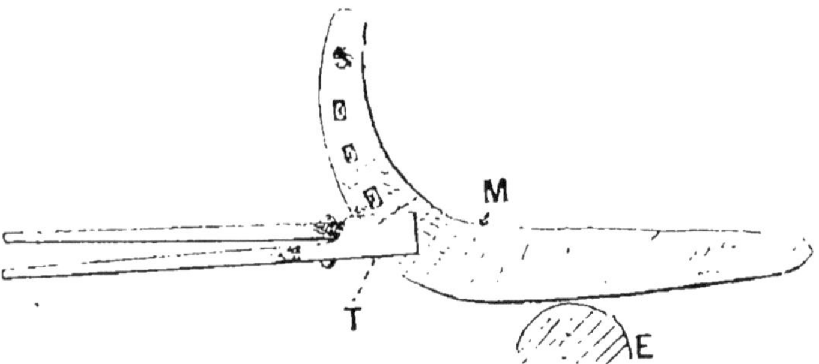

Fig. 38. — Découpage de la 2e branche, 1er temps.

et soutenu en T, par les tenailles, d'autre part, le forgeur frappe en M quelques coups de ferretier, avec l'angle inférieur de sa bouche, à la hauteur de la mamelle du dedans.

Il donne ainsi à la pince et à la première branche assez de cintre pour pouvoir l'entenailler le plus près possible de la ligne horizontale et saillante de la bigorne.

Son poignet devant seul aider à la présentation du fer sur l'enclume, il est de toute nécessité que celui-ci soit tenu près de son milieu et de telle manière que la branche martelée soit toujours, autant que possible, dans la direction des tenailles, c'est-à-dire horizontale et parallèle, par conséquent à la ligne d'appui (fig. 39).

L'arc de cercle décrit par les tenailles est, de cette façon, d'autant plus petit que celles-ci sont plus près du centre de ce cercle.

Après avoir allongé sa branche en contreforgeant, le forgeur la met ensuite à peu près au calibre désiré. Puis, il découpe définitivement son fer à la hauteur de la ma-

au niveau de la pince et de la mamelle du dedans, afin de pouvoir le monter à cheval.

melle du dedans (fig. 39 A), par quelques coups de marteau donnés à faux, à l'endroit précis qu'il juge convenable.

Le compas du maréchal n'ayant jamais existé qu'au figuré, seule, une grande habitude lui permet d'arriver à

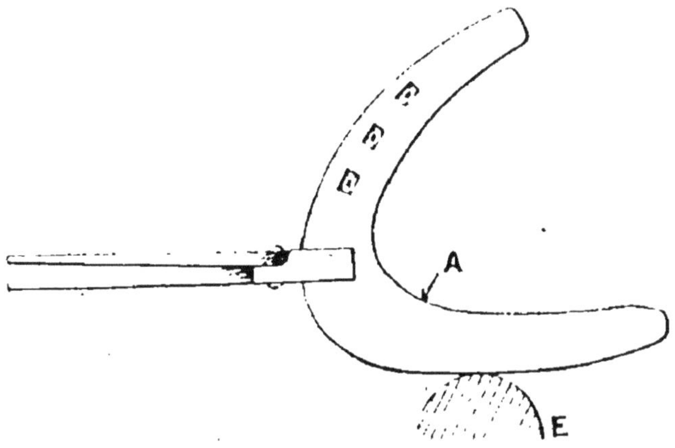

Fig. 39. — 2e temps.

ce résultat, et c'est pour cette raison qu'on dit qu'il doit avoir le compas dans l'œil.

Au fur et à mesure que la branche se découpe, il a soin de descendre ses tenailles aussi près que possible du milieu de la pince, de manière à les tenir toujours horizontalement, et dans la direction de la branche en confection.

Lorsqu'il juge que le fer est assez découpé, et qu'il peut le monter à cheval, il effectue cette opération par quelques coups appliqués sur la branche externe, en allant progressivement vers la pince à mesure que les éponges se rapprochent et en veillant à ce que ces coups tombent bien sur la même verticale que celle du point d'appui du fer sur l'enclume (fig. 40).

Plus ceux-ci porteront près des éponges, plus le fer s'arrondira ; si, au contraire, le forgeur ne veut donner de la tournure qu'à une seule branche, comme c'est toujours en exerçant ses battues sur la branche du dehors qu'il doit monter à cheval ; il dispose son fer ainsi que l'indi-

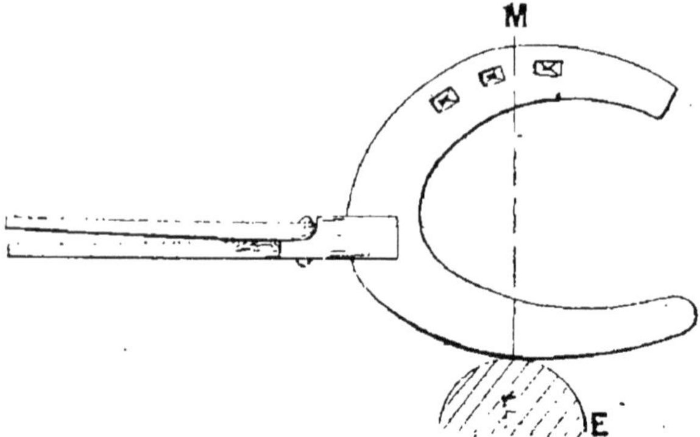

Fig. 40. — Monter à cheval en branche.

que la fig. 14, lorsqu'il s'agit de la branche du dehors.

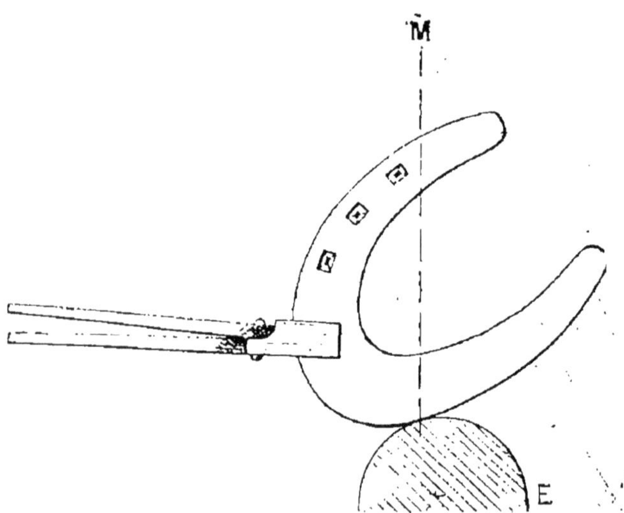

Fig. 41. — Monter à cheval en éponge.

et comme l'indique la fig. 42, s'il s'agit de la branche du dedans.

Pendant que le forgeur découpe ainsi son fer, l'aide continue toujours à frapper avec la même cadence, sur la face qui lui est présentée, de manière à la maintenir sur

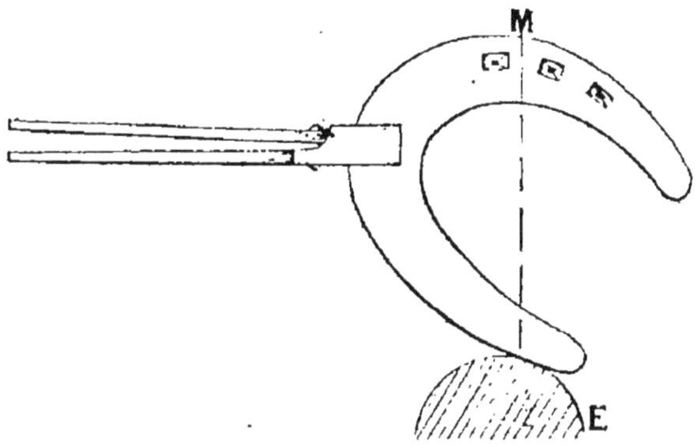

Fig. 42. — Monter à cheval en mamelle.

un plan droit : l'action de monter à cheval ayant de la tendance à courber, à gauchir le fer sur le plat.

Lorsque celui-ci est découpé, son épaisseur est régularisée et amenée au point voulu, par des battues faites sur sa face supérieure et suivies de la pince à l'extrémité de la deuxième branche.

Ce résultat obtenu, le fer est abandonné sur la table de l'enclume, après avoir été retourné.

Il est présenté, par conséquent, sa face supérieure en dessus, pour que les étampures puissent y être disposées.

A cet effet, le forgeur rectifie d'abord, à l'aide de l'étampe et du marteau, la position exacte que doit avoir le fer pour subir cette opération.

Puis, placé en B (fig. 43 et planche V), en face du fer A, et parallèlement à l'enclume, il tient l'étampe de la main gauche, et obliquement par rapport à cette enclume selon la direction C A, que le bord externe de la branche à étamper doit toujours conserver.

Pour cela, il importe donc que le forgeur, qui reste tou-

4.

jours dans la même position, fasse tourner légèrement son fer, après le percement de chaque étampure ; pour que son bord externe soit constamment dirigé vers lui et dans la ligne exacte de l'étampe, c'est-à-dire de CA.

Cela lui permet de s'assurer rigoureusement du point où celle-ci doit être placée et de la direction qu'elle prend pendant le percement des trous.

Il repasse ensuite cette étampe dans la troisième étampure déjà ébauchée et, s'il y a lieu, il en perce aussi à gras,

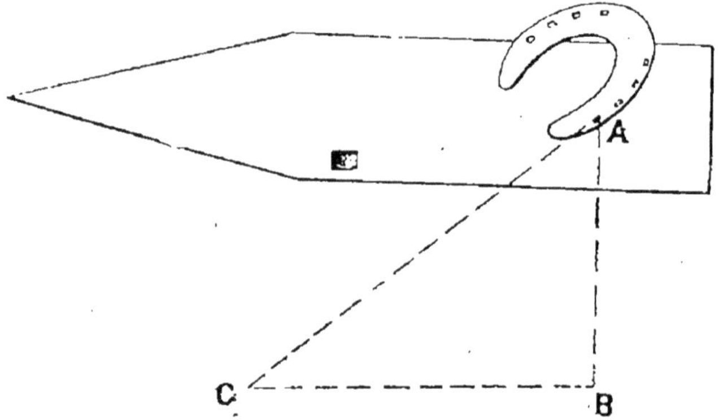

Fig. 43. — Étampage de la 2e branche.

et à la même distance que les trois premières, une quatrième, qui se trouvera donc, à peu de chose près, aux 3/4 de la hauteur du fer (fig. 36 M). D'un rapide coup d'œil, le forgeur juge ensuite de l'endroit précis où il doit placer l'étampure de pince, du côté du dedans.

Il a soin de la tenir très à maigre, ainsi que les trois suivantes et de les placer à la même distance les unes des autres, comme pour la branche du dehors.

Après il débouche les étampures ; redresse son fer par des battues données sur sa face supérieure, le déborde et enfin le bigorne sur tout son pourtour, en rectifiant la tournure, s'il est nécessaire.

Pl. V. — Etampage de la 2e branche. — Position du forgeur et du frappeur.

Le fer étant terminé, il est abandonné par le forgeur qui se prépare à refaire la même série d'opérations avec le deuxième lopin, celui du fer droit, que le chauffeur lui a mis à point, depuis qu'il a pris congé.

Il est bon de faire remarquer que, seule, une longue pratique lui permet de suivre strictement toutes les règles énoncées dans les pages qui précèdent, étant donné le peu de temps dont il peut disposer pour confectionner un fer à cheval.

Ainsi la première branche doit se forger dans une moyenne de 100 à 120 secondes, et la seconde dans une moyenne de 140 à 170 secondes.

CINQUIÈME PARTIE

CONFECTION DE QUELQUES FERS PATHOLOGIQUES LE PLUS USUELLEMENT EMPLOYÉS

CHAPITRE PREMIER

FER PORET

Le fer Poret antérieur étant un fer peu épais, à éponges très amincies, et par conséquent très léger, en le forgeant, le maréchal veille à ce que son amincissement ne commence qu'à la fin des mamelles, pour se terminer à l'extrémité des éponges.

La couverture, également assez prononcée en pince, doit diminuer progressivement jusqu'aux éponges (fig. 44).

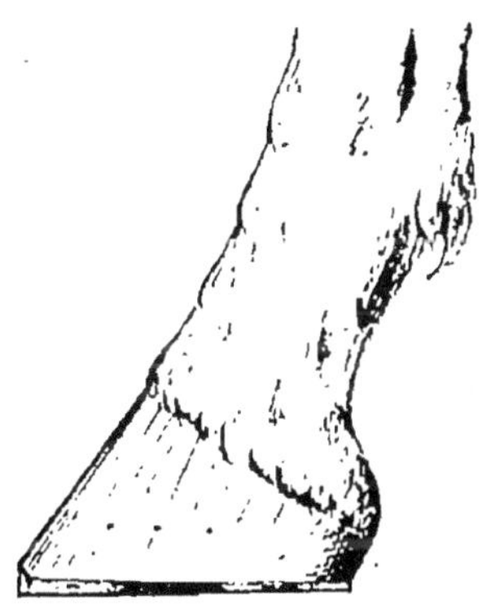

Fig. 44. — Pied ferré avec fer Poret.

Le fer Poret, comme un fer ordinaire, porte 6 ou 8 étampures.

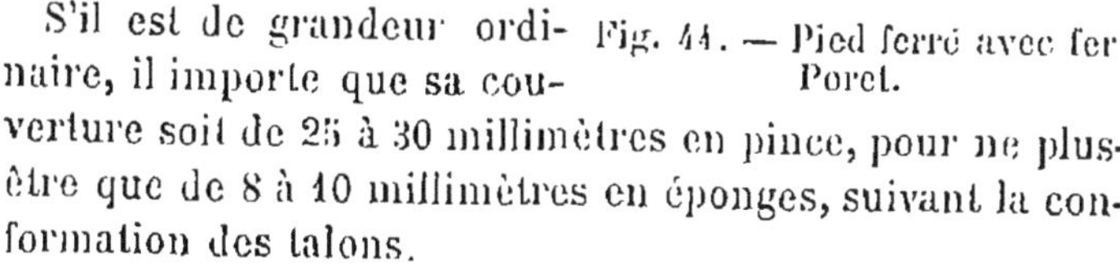

S'il est de grandeur ordinaire, il importe que sa couverture soit de 25 à 30 millimètres en pince, pour ne plus être que de 8 à 10 millimètres en éponges, suivant la conformation des talons.

De même son épaisseur, de 8 à 10 millimètres en pince, ne doit plus être que de 3 à 4 millimètres en éponges.

En sortant le lopin du feu, l'ouvrier a le soin d'étirer

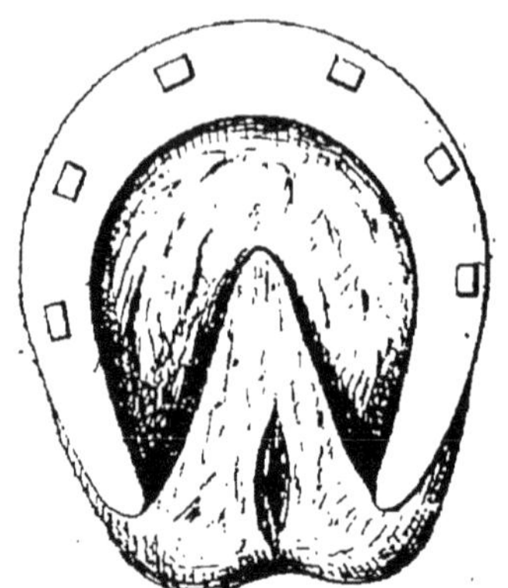

Fig. 45. — Fer Poret.

autant que possible l'extrémité de l'éponge de la première branche, pendant que celle-ci est bien chaude, afin qu'elle soit parfaitement soudée.

Il prend la même précaution pour la deuxième branche.

L'étampage se fait comme pour les fers ordinaires.

CHAPITRE II

FER A PLANCHE

Le fer à planche (fig. 46) est plus mince et plus couvert ue le fer ordinaire.

Ses éponges, repliées sur la rive interne, pendant le prgeage, sont réunies et soudées entre elles.

Ce fer pathologique sert à donner une plus grande sur-

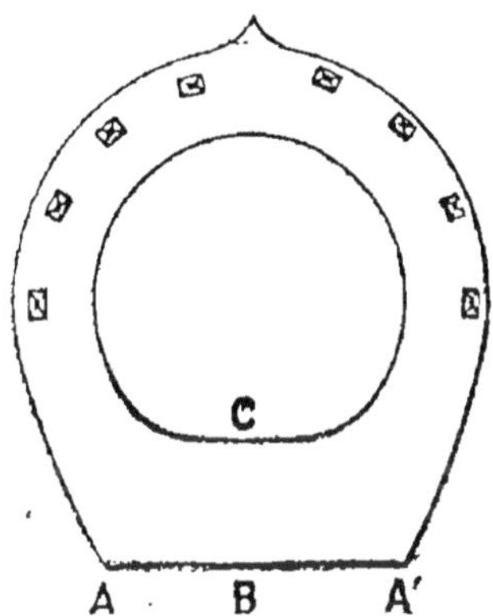

Fig. 46. — Fer à planche.

face d'appui au sabot, en faisant participer à cet appui les branches de la fourchette, quand, pour certaines maladies du pied, le maréchal veut empêcher le fer de porter sur les talons, tout en protégeant ceux-ci contre l'usure et les aspérités du sol.

Manière de le forger.

Trois chaudes sont nécessaires pour forger un fer à planche en lopin neuf ou en lopin bourru.

Ce lopin doit être choisi allongé, afin que le forgeur et le frappeur aient moins de peine à confectionner le fer.

Son poids doit être plus fort que celui d'un lopin pour fer ordinaire du même calibre, puisqu'il y a, en plus, la planche à prélever sur sa masse.

La première branche se forge en laissant suffisamment de fer en éponge, quoiqu'il soit indispensable que celle-ci soit bien corroyée.

Lorsque cette branche est mise au calibre voulu, le forgeur présente au frappeur, en baissant la main, l'éponge sur le bout de la bigorne (fig. 47,E) et sur champ. Ce der-

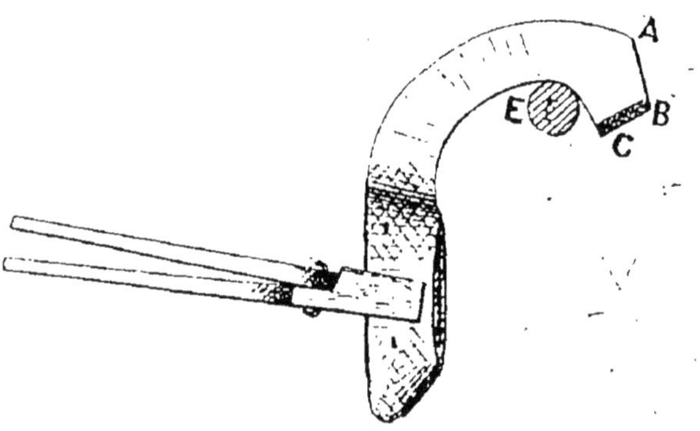

Fig. 47. — Manière de forger un fer à planche, 1re branche.

nier, en deux coups de marteau appliqués sur le bord externe B, lui fait former, à 4 ou 5 centimètres de l'extrémité, un coude presque à angle droit A B.

Une battue à plat, sur la face supérieure de la branche, en régularise l'épaisseur, et fait ressortir bien en saillie l'angle A.

Enfin, cette branche est terminée par une amorce en biseau, donnée en C, afin d'éviter, autant que possible, que, plus tard, la trace de la soudure de la planche ne soit apparente.

Avant de recevoir les étampures, la branche forgée est parée, c'est-à-dire que sa couverture est rectifiée et sa face inférieure planée régulièrement.

La première étampure doit être percée un peu plus près de l'éponge que dans un fer ordinaire, afin qu'elle se trouve bien placée après la soudure de la planche : cette opération ayant pour conséquence d'allonger légèrement cette partie du fer.

Les étampures suivantes sont ensuite percées, puis débouchées et enfin la branche est bigornée comme d'habitude.

La deuxième branche, bien corroyée sur toute son

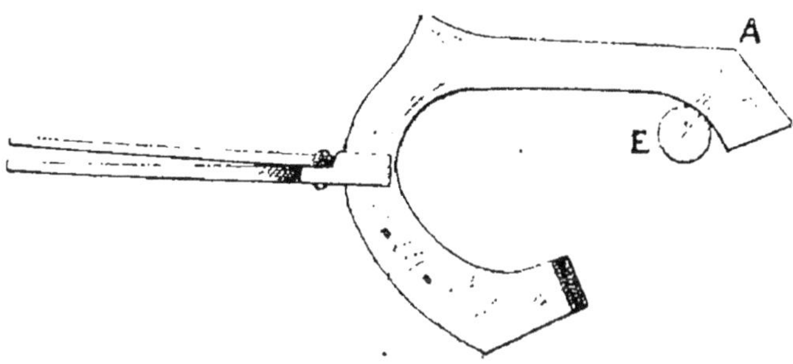

Fig. 48. — 2e branche.

étendue, tout en étant ménagée à son extrémité, comme la première est mise au calibre de la pince jusqu'au milieu de sa longueur, avant de lui donner de la tournure.

L'éponge, laissée bien couverte, est présentée au frappeur, comme la première, sur la bigorne et sur champ, pour qu'il la contourne sur elle-même (fig. 48 A).

La tournure est ensuite donnée et le fer, lorsqu'il est monté à cheval, est paré et l'extrémité de l'éponge amorcée de la même façon que la première, mais en sens inverse.

A ce moment, le frappeur prépare seul son fer à recevoir les étampures, en rectifiant la tournure et la couverture; il le plane bien régulièrement, et, comme le fer ordinaire, il l'étampe, le débouche et le bigorne.

Il réunit ensuite les deux éponges pour les mettre en

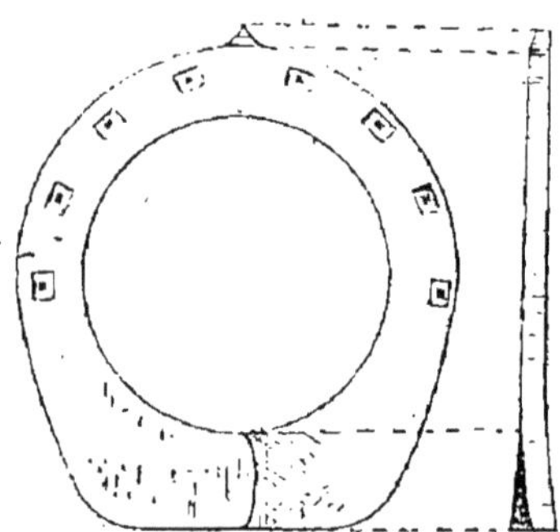

Fig. 49. — Avant la soudure de la planche.

contact, à l'endroit des biseaux (fig. 49), afin de pouvoir achever sa planche, avec la troisième chaude qu'il va lui faire subir.

Lorsque cette planche ressue sur toute son étendue, elle est soudée par des battues précipitées données à plat sur ses deux faces et sur son bord externe.

Le forgeur s'efforce ensuite de faire saillir les angles (fig. 46 A A); il redresse convenablement le bord externe de la planche B, en prenant soin de ne pas déformer le bord interne C, droit dans la partie postérieure et plus ou moins ovale dans le reste de son étendue, suivant la tournure du pied.

Le fer à planche est souvent avantageusement remplacé, dans la pratique, par le fer à traverse rapportée.

CHAPITRE III

FER A TRAVERSE

Le fer à traverse (fig. 50) est un fer ordinaire dont les éponges sont réunies par une lamelle de fer, dite « traverse ».

Lorsque le fer est ajusté au pied et prêt à être posé, le maréchal y soude, au bout des branches, cette lamelle,

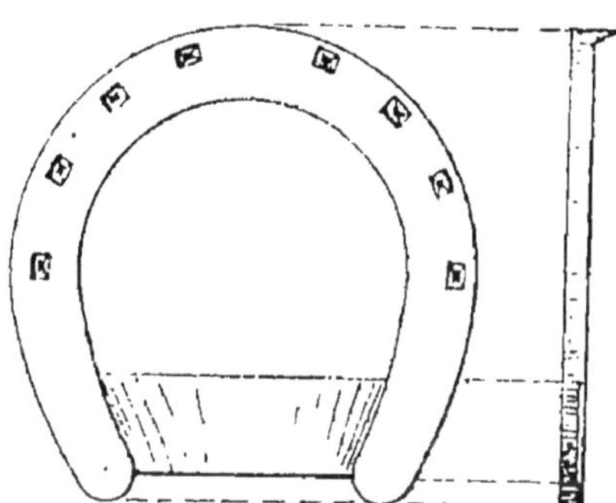

Fig. 50. — Fer à traverse.

dont la largeur et l'épaisseur doivent être en rapport avec la grandeur du sabot.

Une traverse de 40 millimètres de largeur et de 3 millimètres d'épaisseur est suffisante pour un pied ordinaire. Pour un grand pied, à talons plus écartés, la couverture de cette traverse peut atteindre 50 mm. et son épaisseur 4 mm.

La lamelle est coupée d'une longueur inférieure à l'écartement des éponges, mesuré à leur bord externe (fig. 51). Ses extrémités, sont amincies pour qu'elles ne soient pas apparentes, le fer étant vu de profil, après leur soudure sur sa face supérieure, au bout des deux branches.

Le travail est ainsi plus correct et il n'y a pas de sur-

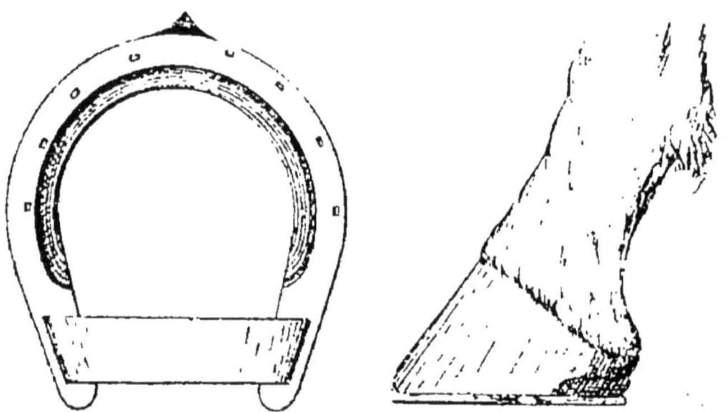

Fig. 51. — Longueur de la traverse.

Fig. 52. — Pied ferré avec fer à traverse.

croît d'épaisseur aux éponges, c'est-à-dire précisément à l'endroit où l'on cherche, par l'application de cette ferrure, à supprimer l'appui d'un ou des deux talons (fig. 52). Puisqu'il est indispensable que la traverse donne toujours appui aux branches de la fourchette, elle doit être fixée à l'extrémité des éponges, pour un fer destiné à un pied à talons droits ; tandis que pour des talons plus ou moins obliques (fig. 53), elle doit être soudée à une distance plus ou moins grande des éponges.

Le maréchal, en faisant porter son fer, devra donc toujours se rendre compte de la direction des talons.

Pour souder la traverse, il la coupe d'abord à la longueur voulue, c'est-à-dire à 3 ou 4 millimètres au plus des bords externes de l'extrémité des deux branches.

Il la place ensuite à l'endroit où elle devra être fixée, et il la maintient, par un de ses bouts, avec des tenailles, sur l'une des éponges (fig. 54), afin de pouvoir chauffer et souder l'autre bout sur l'éponge opposée.

Il met celle-ci au feu, la traverse en dessus, et la chauffe

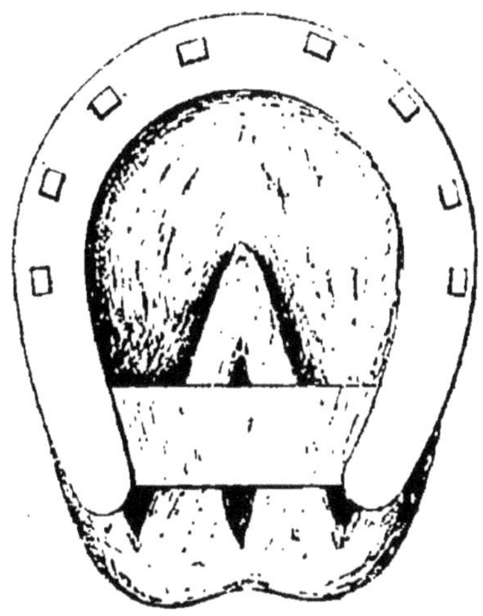

Fig. 53. — La traverse ne vient pas à l'extrémité des éponges sur un pied dont les talons sont fuyants.

lentement en ayant soin que les deux parties soient portées, en même temps, au même degré de chaleur, ce qui demande beaucoup d'attention, la traverse étant moins épaisse que l'éponge du fer.

Lorsqu'elles ressuent légèrement, il apporte son fer sur la table de l'enclume, la traverse toujours en dessus, et, par quelques coups de marteau donnés à plat, il soude ces deux parties entre elles en mettant l'extrémité des branches et la traverse sur un même plan droit.

Une opération identique est faite sur l'éponge opposée.

Le fer à traverse a l'avantage d'être plus léger que le fer à planche ordinaire; en outre, sa confection est plus facile et plus rapide.

Il supprime les glissades qu'occasionne la planche large en portant sur le sol et surtout il ne rejette pas l'appui sur

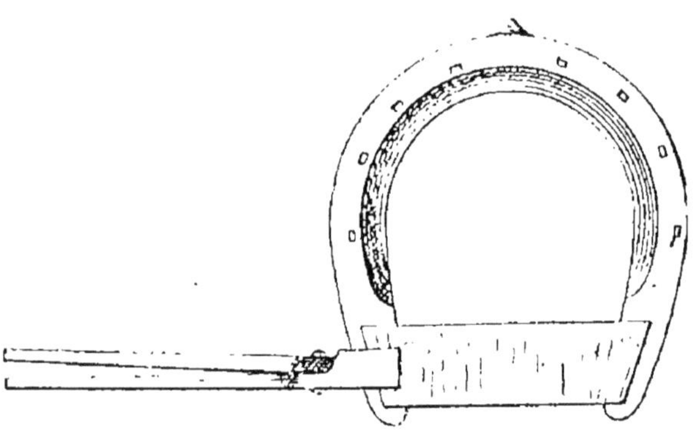

Fig. 54. — Manière de maintenir la traverse à sa place pour la souder.

les parties postérieures du pied, puisqu'il a partout la même épaisseur, ce qui est difficile à obtenir avec le fer à planche ordinaire, à moins d'en augmenter considérablement le poids.

TABLE DES MATIÈRES

CINQUIÈME PARTIE

CHAPITRE PREMIER

CHAPITRE II

CHAPITRE III

Poitiers. — Imp. Blais et Roy.

www.ingramcontent.com/pod-product-compliance
Ingram Content Group UK Ltd.
Pitfield, Milton Keynes, MK11 3LW, UK
UKHW021202220726
13924UKWH00003B/1278

9 782019 950415